Peter Hossli
Revolverchuchi

Der Zytglogge Verlag wird vom Bundesamt für Kultur mit einem Strukturbeitrag für die Jahre 2016 – 2020 unterstützt.

3. Auflage 2020

© 2020 Zytglogge Verlag AG, Basel
Alle Rechte vorbehalten
Lektorat: Ladina Fessler
Umschlaggestaltung: Zytglogge AG
Umschlagbild: unbekannt © StAAG/RBA1 – 1 – 24077_1=1 / Ragnhild Flater und Max Märki, Täter im Mordfall Stadelmann
Layout/Satz: 3w+p, Rimpar
Druck: CPI books GmbH, Leck

ISBN: 978-3-7296-5040-4

www.zytglogge.ch

Für Agatha Hossli, meine Mutter

Inhalt

Pferdewetten 13

Orell-Füssli-Annoncen 22

Ostern 27

Max 34

Ragnhild 39

Telegramm 42

Wagenheber 46

Lichtkegel 62

Seifenlauge 65

Kurt 72

Muotatal 76

Wasser 83

Vermisst 91

Guisan 94

Autowaschen 99

Vernunft	101
Stierli	106
Agomensin	108
Fluchtversuch	113
Herrgott	120
Judas	124
Laika	134
Schälkli	137
Totentanz	150
Folterkammer	153
Beweismittel	160
Kafa	161
Fischpudding	169
Stinkloch	179
Plankton	181
Finderlohn	191
Aarau	195

I.L.D.	206
1972	216
Rüfenach	223
Orient	225
Dank	227
Zeittafel	231
Glossar	233

Die hier erzählten Ereignisse sind geschehen. Sie lassen sich mit Gerichts- und Ermittlungsakten aus dem Staatsarchiv des Kantons Aargau, mit historischen Medienberichten und durch Aussagen von Zeitzeugen belegen. Dialoge und Gedanken der Protagonisten sind aus Verhörprotokollen, Briefen, Akten und Gesprächen rekonstruiert.

Am Jahrestag der Tat, dem 19. Oktober 2018, hat der Autor in Aarau den Zug nach Baden bestiegen und ist anschliessend mit einem Mietauto die Strecke der Mordfahrt abgefahren. Er hat zudem die Fundstelle der sterblichen Überreste von Peter Stadelmann auf einer Insel in der Reuss aufgesucht.

Zum Schutz ihrer Privatsphäre sind die Namen einiger Personen geändert und mit einem * versehen.

«Wie ist es mit mir, dass jeder Ton mich schreckt?
Was sind das hier für Hände? Ha, sie reissen
Mir meine Augen aus.
Kann wohl des grossen Meergotts Ozean
Dies Blut von meiner Hand reinwaschen? Nein;
Weit ehr kann diese meine Hand mit Purpur
Die unermesslichen Gewässer färben
Und Grün in Rot verwandeln.»

William Shakespeare, «Macbeth» (1606)

Pferdewetten

Peter Stadelmann war kerngesund, als er starb.

Der Handelsreisende sprach einen Dialekt aus der Ostschweiz. Das hellbraune Haar hatte er sich zum Bürstenschnitt stutzen lassen, der das vorstehende Kinn betonte und das Zurückweichen des Haaransatzes tarnte. Da Radio Beromünster für den Abend Regen angesagt hatte, schnürte er sich die Halbschuhe mit den Gummisohlen. Für die Fahrt nach Baden hatte er sich eine Krawatte mit feinen waagerechten Streifen umgebunden. Sie passte zum blaugrün diagonal gemusterten Zweireiher, den er stets samstags anzog. Für ihn war der Samstag so heilig wie für andere der Sonntag. Der Tag, an dem er in der Kirche zu Gott betete und bis zum Sonnenuntergang nicht arbeitete. Über dem gepressten weissen Hemd trug er, kaum sichtbar, eine gestrickte ärmellose Weste. Anhand dieses gelben Gilets sollte sein Vermieter den Leichnam Stadelmanns identifizieren.

Die Nacht war in Aarau bereits angebrochen, als Stadelmann gemeinsam mit Fräulein Kaminski* um 18.26 Uhr den Schnellzug nach Zürich bestieg. Sie setzten sich in die 2. Klasse, Nichtraucher, teilten sich ein Viererabteil, ausgestattet mit harten Bänken. Vor gut einem Jahr, im Juni 1956, hatten die Bundesbahnen die 3. Klasse aufgehoben, die Holzklasse, wie sie alle nannten. Noch aber waren 88 Prozent der Sitze hölzern und somit hart.

Beide gehörten derselben Freikirche an wie Stadelmanns Vermieter. Am Nachmittag hatten sie zu dritt einen Tomatensalat gegessen und waren danach von Rohr über Buchs zum Bahnhofplatz nach Aarau spaziert, vorbei an Ahornbäumen, deren Blätter verschrumpelt am Boden lagen. Jene, die noch an den Ästen hingen, waren gelblich gefärbt. Glocken läuteten das Wochenende ein. Es war kühl, der Duft des Sommers verflogen. Am Himmel zogen dunkle Wolken auf, bald würde es regnen.

Fräulein Kaminski reiste nach Zürich, wo sie in Oerlikon in den Räumen des Adventsverlags das Konzert einer Jugendgruppe der Siebenten-Tags-Adventisten besuchen wollte. Warum Stadelmann nach Baden fuhr, erzählte er ihr nicht. Das wusste allein sein Vermieter.

Stadelmann trug 4100 Franken in bar in einem Portemonnaie bei sich, das in der linken Kitteltasche steckte, zusammen mit dem Generalabonnement der SBB und dem Führerschein. Am Schalter der Bankgesellschaft hatte er am Vortag druckfrische Geldscheine erhalten, welche die Nationalbank erst vor wenigen Monaten in Umlauf gebracht hatte: drei Tausendernoten, einen Fünfhunderter sowie sechs Hunderter, wovon drei der neuen Serie entstammten.

Im Zug sprach Stadelmann wenig. Die deutsche Schwesternhilfe erzählte ihm vom Alltag in der Heil- und Pflegeanstalt Königsfelden. Von neuartigen Pillen, mit denen Psychiater in Windisch ihre Patienten ruhigstellen würden, von Spaziergängen in der Parkanlage, wo römische Legionäre einst ihr Lager aufgeschlagen hatten, von den mächtigen Bäumen, die ihr an heissen Sommertagen Schatten spenden würden. Neben ihm auf der Sitzbank lag eine braune Reissverschlussmappe aus Kunstleder. Darin versorgt hatte Stadelmann das Kursbuch und die neuste Ausgabe des ‹Aargauer Tagblatts›. An Mappe und Zeitung würde ihn die unbekannte Frau erkennen, die er am Bahnhof in Baden treffen und zu einem fast fabrikneuen Opel Rekord begleiten sollte. Mit dem Geld im Kittel würde er das Auto kaufen und damit zurück nach Aarau fahren.

Gelesen hatte er das Blatt am Morgen in der Wohnung, die er seit drei Jahren mietete. In Rohr, dem Dorf bei Aarau, durch das vor knapp 2000 Jahren die alte Römerstrasse verlaufen war, und wo nun zweistöckige Einfamilienhäuser die alten Riegelhäuser verdrängten. «Unbeirrbar zieht Sputnik seine Bahnen um die Erde», begann der Leitartikel auf Seite eins der Zeitung vom 19. Oktober 1957. «Er ist längst keine Sensation mehr. Wie bei einem Sechstagerennen stellt man täglich bloss noch die Zahl der zurückgelegten Runden fest.» Vor 15 Tagen, am 4. Oktober, hatten sowjetische Ingenieure den ersten Erdsatelliten ins All geschossen. Sputnik, der Trabant der Erde, der Weggefährte. Eine mit vier Antennen bestückte Alu-Kugel, 58 Zentimeter Durchmesser und 83 Kilogramm Gewicht. Damit setzte die Menschheit zum Sprung zu den Sternen an.

Viel mehr als Pieps machen konnte der Satellit nicht. Aber für Amerika und Westeuropa war die Entsendung Sputniks ein Schock, eine Schmach. Sputnik nagte am Selbstbewusstsein. Der kommunistische Osten hatte den freien Westen im Wettlauf um den Eintritt ins All geschlagen und in Angst versetzt. Was, wenn die Roten ihre Raketen mit Atomsprengköpfen versähen? Würden sie London erreichen? New York? Paris? Dem Westen den nuklearen Winter bescheren?

Noch war der Krieg kalt. Aber zwischen Ost und West konnte er sich jederzeit entzünden, las Stadelmann in der Zeitung. «Bonn bricht mit Belgrad», titelte das ‹Aargauer Tagblatt› in derselben Ausgabe. Die Regierung der BRD hatte sich am Vorabend entschieden, die diplomatischen Beziehungen zu Jugoslawien abzubrechen, da Marschall Tito drei Tage zuvor die Obrigkeit in Ostberlin anerkannt hatte.

An der Schweiz zog der Kalte Krieg vorbei, wie schon das Grauen des grossen Krieges, der vor zwölf Jahren mit der bedingungslosen Kapitulation Deutschlands geendet hatte.

Während Westeuropa sich erst allmählich aufrappelte, brummte die Schweizer Wirtschaft. In den ersten drei Quartalen von 1957 wurden in Basel 4 410 364 Tonnen Güter umgeschlagen, so viel wie nie zuvor. Die Uhrenbranche vermeldete Umsatzrekorde. Stelleninserate füllten die Zeitungen. Gesucht wurden: Monteure, Elektriker, Verkäuferinnen, Hauswarte. Man gönnte sich was. Wernli bot im ‹Aargauer Tagblatt› für zwölf Franken einen Ausflug im Car an die Olma nach St. Gallen an. Die ‹Burestobe› in Seon lud zur Metzgete, Samstag- und Sonntagabend, mit «prima Blut-, Leber- u. Bratwürsten», dazu «Sauser im Stadium».

Stadelmann hatte die Gedanken woanders, als der Zug entlang der Aare fuhr, in Brugg hielt, die Reuss überquerte, zuletzt der Limmat folgte und in Baden ankam. Eine Fahrt durch das Schweizer Wasserschloss, wo drei Flüsse zusammenfliessen, bevor sie in den Rhein münden. In dieser verworrenen Delta-Landschaft finden sich Ortskundige zurecht, viele Fremde aber verirren sich.

Schon bald würde der Vertreter günstig ein gutes Auto kaufen und es zu einem besseren Preis wieder verkaufen. Am 16. Oktober hatte er das Inserat in der Zeitung gesehen, die er täglich las. Ein Druckfehler fiel ihm auf. Der Schriftsetzer hatte ein kleines «k» falsch platziert:

Infolge Auswanderung
sofort zu verkaufen
Opel-Rkeord
neuwertig. Preis Fran-
ken 4000.—. Nur gegen bar.
Eilofferten an Chiffre
A 41 810 T an Orell-
Füssli-Annoncen, Aarau

Stadelmann sah das Inserat, weil er selber eines aufgegeben hatte und im ‹Aargauer Tagblatt› prüfen wollte, ob es erschienen war. Seine Anzeige fand sich unmittelbar neben dem Opel-Inserat:

Günstig zu verkaufen
Mercedes 190
Jahrg. 1956, wenig ge-
fahren.
Anfragen abends, ab 19
Uhr an Tel. (064) 2 47 51

Der Opel Rekord war ein beliebtes Auto, galt als robust und wenig anfällig für Defekte. Das Modell 1957 war mit einem um ein Drittel grösseren Kofferraum ausgestattet als das Auto des Vorjahrs, hatte breitere Sitze und ein neues Instrumentenbrett. Der Opel-Vertreter in Niedergösgen bot es für 8150 Franken an. Stadelmann erkannte im Inserat eine Gelegenheit. Zum halben Preis würde er den Opel Rekord erwerben und ihn bestimmt mit Gewinn abstossen können.

Schaute Stadelmann während der Fahrt aus dem Fenster des Waggons, sah er nebst der Spiegelung des Innenraums in der Dämmerung die Umrisse der hügeligen Ausläufer des Jura, der Wälder und der drei Flüsse, die nach dem trockenen Sommer wenig Wasser führten. An allen Haltestellen zeigten die gleichen Bahnhofsuhren die Zeit an. Vier Jahre zuvor, 1953, hatte ihr Gestalter Hans Hilfiker zu den schwarzen Stunden- und Minutenzeigern den roten Sekundenzeiger hinzugefügt. Er bringe Ruhe in die letzte Minute vor der Abfahrt, erklärte Hilfiker die Neuerung. Die Züge würden deswegen pünktlicher abfahren.

Der Zug nach Baden war verspätet.

Stadelmann stammte aus dem luzernischen Escholzmatt. Er lebte in der Ostschweiz, wo er den dortigen Dialekt annahm, später im Aargau. Nicht weil ihm das *Rüebliland* besonders gefallen hätte. Es war für seinen Beruf zweckmässig. Rasch erreichte er von Aarau aus die Bauern der Ost- und Westschweiz sowie des Bernbiets. Dort bestellten die meisten Schweizer Bauern Felder, züchteten Schweine und molken Kühe. Eines seiner beiden Autos stand in St. Gallen, das andere in der Romandie. Mit der Bahn reiste er an den betreffenden Bahnhof und fuhr im Wagen zu den Höfen.

Eine gute Zeit war für ihn angebrochen. Die Landwirtschaft erlebte einen technischen Fortschritt. Vierradtraktoren verdrängten Zugpferde, Mähdrescher revolutionierten die Getreideernte. Stadelmann verkaufte das Zubehör und die Maschinen, die Schweizer Bauern wollten.

Der Autokauf in Baden würde bar über die Bühne gehen, was ihm recht war. Er brauchte Bargeld. Damit finanzierte Stadelmann ein Hobby, über das er mit wenigen sprach, schon gar nicht mit den Mitgliedern seiner Glaubensgemeinschaft. Die Siebenten-Tags-Adventisten verzichten auf Alkohol und Tabak, sie ernähren sich gesund und entsagen der Ausschweifung. Stadelmann trank und rauchte nicht, er ass viel Obst und Gemüse. Obwohl bereits 30, war er noch Junggeselle. Aber der *Stündeler* hatte ein Geheimnis: Er setzte auf Pferde. Oft reiste er zur Rennbahn nach Deutschland. Hin und wieder brachte er das Geld einem Freund nach Zürich, der für ihn über die Grenze fuhr und die Wetteinsätze platzierte. Es waren beträchtliche Summen. Auf einem Konto der Schweizerischen Bankgesellschaft in Aarau hatte er 10 000 Franken angespart. Vergangenen April gewährte ihm die Bank einen Kredit von 35 000 Franken. Geld, mit dem er wettete, offenbarte er Vizedirektor Urs Riegger* ohne Scham. Als Sicherheit hinterlegte er ausstehende Forderungen an Bauern in der Höhe von 100 000 Franken.

Einen Monat vor Ablauf der halbjährigen Frist zahlte er den Bankkredit zurück. Mitte Oktober, Tage, bevor er starb, sass Stadelmann im Aarauer Büro des Bankiers und ersuchte Riegger erneut um ein Darlehen. Der Handelsreisende wollte 50 000 Franken, ein stattlicher Betrag, mit dem sich andere ein mehrstöckiges Haus kauften. Ein finanzielles Risiko bestand für die Bank zwar nicht, wiederum würde Stadelmann angemessene Sicherheiten leisten. Dieses Mal lehnte Riegger das Begehren jedoch ab. «Für solche Geschäfte gewähren wir grundsätzlich keine Kredite mehr», begründete er den Entscheid. Eine Schweizer Bank leihe kein Geld für Pferdewetten im Ausland.

Stadelmann aber brauchte *Schotter*. In mehreren Zeitungen der Deutschschweiz bot er einen Mercedes 190 zum Verkauf an, «wegen Mangel an Bargeld dem Meistbietenden». Unter 10 000 Franken komme der Wagen nicht weg, bestellte er telefonisch einem Mann aus dem solothurnischen Biberist. Am 16. Oktober 1957 sah Stadelmann das Inserat für den Opel Rekord und schickte eine Eilofferte an die Orell-Füssli-Annoncen nach Aarau. Sofort würde er das Auto kaufen und bei der Übergabe bar bezahlen.

Er grüsste freundlich und liess seine Nummer in Rohr notieren, einer von 909 021 Anschlüssen, die sich die fünf Millionen Einwohner der Schweiz teilten.

Am nächsten Abend, dem 17. Oktober 1957, klingelte um 20 Uhr an der Rohrer Pilatusstrasse das Telefon. Der Handelsreisende ging an den schwarzen Apparat mit der Wählscheibe aus Metall. Das Gerät, 1955 eingeführt, gehörte der PTT und musste bei den Post-, Telefon- und Telegrafenbetrieben gemietet werden. Bei einem Umzug verblieb es in der

Wohnung. Es war verboten, ein anderes Telefon anzuschliessen, vor allem, eines im Ausland zu beziehen.

«Grüezi, hier Stadelmann», sagte der Handelsreisende. Ein «Herr Keller» meldete sich und gab an, in Zurzach zu wohnen, einem aargauischen Grenzdorf zu Deutschland am Rhein. Unter der Woche lebe er oberhalb der Stadt Baden, in der Nähe des Restaurants Belvédère.

«Sie haben mir eine Offerte für den Opel geschickt», sagte der Mann, der sich als Hans Keller ausgab, tatsächlich aber Max Märki hiess. «Kann ich den Wagen heute abholen?», fragte Stadelmann zurück. «Leider bin ich den ganzen Abend besetzt», antwortete der vermeintliche Keller in Ostaargauer Dialekt. «Wie sieht es morgen Freitag aus?»

Stadelmann fiel Kellers gereizte Stimme auf. «Bei mir ginge es am Samstag», sagte er, «am Abend.» Tagsüber war er mit Fräulein Kaminski verabredet, um den Sabbat zu verbringen, den heiligen Tag, an dem er gemäss den Zehn Geboten nicht arbeiten durfte. «Samstag geht bei mir. Meine Frau kann Sie im Opel nach Aarau fahren, sie muss dorthin und fährt danach mit dem Zug zurück», bot Keller an. «Das ist nicht nötig, ich reise mit dem Zug, er kommt um 18.53 Uhr in Baden an», erwiderte Stadelmann.

Max Märki hatte 18.59 Uhr verstanden, notierte sich die Zeit auf einem Zettel und sagte: «Leider kann ich Sie nicht abholen, da ich an der Hand verletzt bin und nicht fahren kann. Meine Frau wird sie zum Opel führen.» Stadelmann war einverstanden. Es beruhigte ihn, dass ein verheirateter Mann ihm das Auto verkaufen würde. Verheiratete wirkten auf ihn seriöser als Ledige.

«Wie erkennt meine Frau Sie?», fragte der Ostaargauer. «In einer Hand werde ich eine braune Mappe tragen, in der anderen das ‹Aargauer Tagblatt›.» Mit der Beschreibung seiner Frisur beendete Stadelmann das Gespräch. «Ich habe einen Bürstenschnitt.»

Seinem Vermieter, einem Deutschen, erzählte er vom Telefonat mit Hans Keller, von dem Inserat und dem Treffen am Samstag, von dessen Frau, die ihn abholen würde. Dass er froh sei, das Geschäft mit einem verheirateten Mann abwickeln zu können. Er werde 4500 Franken bar nach Baden mitnehmen. «Um halb neun bin ich spätestens zurück», versprach Stadelmann.

Er galt als solid, aufrichtig, ehrlich, pünktlich. Bei der geringsten Unregelmässigkeit, sogar wenn er zehn Minuten später als geplant nach Hause kam, rief er an.

An diesem regnerischen Samstagabend, nachdem er mit Fräulein Kaminski in den Zug eingestiegen und in Baden ausgestiegen war, kam er nicht nach Hause. Er rief nicht an. In Rohr erwog ein ratloser Vermieter, die Polizei über Stadelmanns Ausbleiben zu benachrichtigen.

Orell-Füssli-Annoncen

Wegen der anhaltenden Grippewelle verlängerte der Aargauer Regierungsrat im Herbst 1957 die Schulferien um eine Woche. Max Märki arbeitete auf dem Bau in Brugg. Über Mittag ging er auf sein Zimmer, öffnete eine Büchse Ravioli von Hero, leerte die orange-klebrige Masse in eine alte Pfanne, wärmte sie auf dem elektrischen Rechaud und ass die Teigwaren aus einem tiefen Teller.

An diesem Dienstag hielt er ein Blatt Papier in der Hand. Den Abschluss des letzten Zahltags, den er per Post erhalten hatte. Mehr als die Hälfte seines Lohns wurde ihm abgezogen. Für den Unterhalt seiner Kinder und die Schulden, die er seit seinem Konkurs vor zwei Jahren mit sich trug. Um zu leben, blieb ihm zu wenig. Er brauchte Geld, dringend.

Während er die Ravioli verschlang, entschloss er sich, etwas zu tun, einen *Chrampf* zu machen; ein krummes Ding würde er drehen. Mit Brot tunkte er die Tomatensauce auf, schob den Teller zur Seite, griff den paginierten Notizblock, den er vor einem Jahr gekauft hatte, aber selten benutzte. Es war ein gelochter Block, der mit Kohlepapier automatisch ein Doppel von jeder beschriebenen Seite herstellte. Auf Seite 23 verfasste er mit dem Kugelschreiber ein Zeitungsinserat. Er schrieb in Blockbuchstaben und gab sich wenig Mühe, die Schrift zu verstellen. «Infolge Auswanderung sofort zu verkaufen Opel-Rekord 1957 neuwertig Preis Fr. 4000.— Nur gegen Bar. Offerten betrf. Chiffre.» Opel-Rekord unterstrich er. Unten links fügte er die Personalien ein: «H. Keller Badstr. 28 Zurzach.»

Beim Schreiben dachte er an Kurt, seinen jüngeren Bruder, der vor Jahren ins Ausland verreisen und deswegen sein Motorrad verkaufen wollte.

Max hatte schon als Kind gelernt, wie man andere täuscht. Die Bemerkung mit der Auswanderung würde erklären, warum er das Auto nur gegen bar abgab. Zurzach wählte er als Wohnort, um glaubhaft begründen zu können, warum er die Offerten persönlich abholen werde. Werktags wohne er in Baden, nur die Wochenenden verbringe er daheim am Rhein. «Keller» war in der Region verbreitet, mehr überlegte er sich beim Decknamen nicht.

Nach dem Essen fuhr er mit seinem schwarzen Citroën Légère nach Aarau. Er mochte das schnittige Auto, das Gangster und Polizisten im Kino fuhren. Es hatte fünf Türen und hinten reichlich Platz. Dank der guten Bodenhaftung konnte die Limousine schnell problemlos über Schotterstrassen fahren. Max sprach von «meinem Auto», dabei gehörte der Légère mit Baujahr 1947 seiner Frau. Um den Wagen vor dem Betreibungsamt zu schützen, liess er ihn beim Kauf auf Trudi eintragen.

Max parkierte den Citroën mitten in der Stadt und erkundigte sich bei einer Passantin nach der Redaktion des ‹Aargauer Tagblatts›. Um 14 Uhr betrat er das ebenerdige Büro der Orell-Füssli-Annoncen an der Bahnhofstrasse. Einen Stock höher verfassten Redaktoren ihre Artikel. Märki trug einen dunkelblauen, abgewetzten ‹Fil-à-fil›-Anzug, dazu ein Militärhemd. Die obersten beiden Knöpfe liess er offen, da er keine Krawatte umgebunden hatte. Der Hut, den er selten trug, blieb im Auto.

«Wie kann ich Ihnen helfen?», fragte Emma Burger*, eine 19-jährige Anzeigenverkäuferin, die im Luzernischen aufgewachsen war und ihre erste Stelle nach der Lehre bei Orell Füssli angetreten hatte. Sie hatte den Mann noch nie gesehen. Als schlecht gekleidet fiel er ihr auf, unrasiert, Arbeitertyp, bestimmt ein Töfffahrer. Er stank ihr wie die meisten

Männer zu stark nach Zigaretten. Der Dialekt war hiesig, dachte Emma Burger, die in Aarau oft auf ihre Luzerner Mundart angesprochen wurde.

«Grüezi, Keller mein Name», stellte sich Märki vor und legte das Inserat auf die Theke.

«Wann soll es erscheinen?»

«Ginge es schon morgen?»

«Das sollte kein Problem sein», sagte Burger und las den Text durch.

«Geht das so?», fragte Märki.

«Soll ich ein ‹Eil›- vor ‹Offerten› stellen? Sie scheinen es eilig zu haben.»

«Gute Idee, ja, solange ‹ nur gegen bar › im Inserat bleibt. Das ist mir wichtig.»

Von Hand fügte Fräulein Burger «Eil-» ein und gab den Text weiter. Der Korrektor schrieb «unter» vor das Wort «Chiffre». Der Metteur, der aus «Opel-Rekord» ein «Opel-Rkeord» machte, war wohl nicht ganz bei der Sache. Sonst wäre ihm der Tippfehler kaum unterlaufen.

«Bis wann haben Sie die Angebote?», fragte Märki.

«Das Inserat erscheint am Mittwoch, die ersten Offerten sollten tags darauf eintreffen. Dann schicke ich sie Ihnen nach Zurzach?»

«Nein, ich hole sie ab, in Zurzach bin ich erst wieder am Samstag.»

Fräulein Burger machte eine Notiz, die Angebote für Keller seien zu sammeln und in der Annahmestelle abzulegen. Märki zahlte das Inserat und ging.

Am Donnerstag, 17. Oktober 1957, hatte Emma Burger frei. Ihre sechs Jahre ältere Kollegin Elsa Furrer[*] betreute den Schalter, als am späteren Nachmittag ein kräftiger Mann die Türe zur Annahmestelle der Orell-Füssli-Annoncen öffnete.

Er wirkte ungestüm, ja gehetzt. «Können Sie mir die Opel-Angebote geben?», fragte Märki, ohne zu grüssen. Er war mit dem Zug gekommen und über den Bahnhofsplatz gerannt.

Was ist mit dem los? Der Kerl, der vor Elsa Furrer stand, war verschwitzt, das dunkle Haar zerzaust, versetzt mit weissem Staub. Farbe vom Bau. Er trug einen hellen Kittel, dazu ein rotbraunes Halstuch. Über den Schultern lag ein Regenmantel. «Guten Abend, der Herr», sagte sie. «Guten Abend», sagte er nun doch, ohne die Frau hinter der Theke anzuschauen. Seine Hände zitterten. Er schien gehen zu wollen, bevor er angekommen war. «Ich bin wegen des Opel hier, wie viele Offerten sind eingegangen?», fragte er. Fräulein Furrer griff hinter sich zum blauen Couvert, das mit «Keller Zurzach» beschriftet war. «Viele wollen Ihr Auto.» Die Worte heiterten Märki auf. Nun bemerkte er ihr braungraues Arbeitskleid, nahm das Couvert, verliess die Annahmestelle grusslos und ging in den Wartesaal des Bahnhofs, wo er 20 Angebote durchlas.

Bereits das erste gefiel ihm. Peter Stadelmann, Handelsreisender aus Rohr bei Aarau. Unbesehen kaufe er das Auto, zahle sofort in bar. Märki steckte das Angebot in die linke Rocktasche und las weiter. Niemand sonst bot Barzahlung an. Bis auf Stadelmanns Offerte zerknüllte er alle Zettel und warf sie in den Papierkorb an der nordöstlichen Ecke des Bahnhofsgebäudes. Auf Gleis 3 bestieg er den nächsten Zug nach Brugg.

Ein eigenes Telefon besass er nicht. Zuerst versuchte es Märki in der Telefonkabine auf dem Brugger Eisi-Platz. Da er keine Verbindung erhielt, ging er ins Restaurant Pfauen an der Hauptstrasse der Altstadt. Ein Italiener führte die Beiz, servierte aber nicht italienische, sondern währschafte Schweizer Kost. Neben dem *Abee* hatte der Wirt einen Wandapparat der PTT aufgehängt, den die Gäste gegen ein Entgelt benutzen durften. Märki war zitterig und schaffte es nicht, Stadelmanns Nummer zu wählen. Schliesslich half ihm die Serviertochter, die seit Jahren im Pfauen bediente.

«Guten Abend, hier Keller», grüsste Märki, ohne die Stimme zu verstellen. Er pochte darauf, den Autohandel schon morgen abzuwickeln. Stadelmann war am Freitag aber verhindert. Sie einigten sich auf Samstag nach Sonnenuntergang, dann durfte der Siebenten-Tags-Adventist wieder arbeiten. «Meine Frau wird Sie am Bahnhof in Baden abholen», sagte Märki. «Sie wird mich am Bürstenschnitt erkennen», erwiderte Stadelmann, «an der Kunstledermappe und am ‹Aargauer Tagblatt›.»

Märki legte auf, zahlte den Wirt für den Anruf und verliess den Pfauen. Zu Hause entfachte er ein Feuer und verbrannte die Offerte im Ofen des Zimmers, in dem er lebte, seit ihn seine Frau rausgeworfen hatte.

Ostern

Ostern kam 1957 spät, am 21. April. Dank des milden März war die Natur weit, insbesondere auf der Alpennordseite. Botaniker hatten in Wäldern Leberblümchen gesichtet, die einen Monat früher blühten als in anderen Jahren. Es war Frühling, und Max Märki ging in Luzern auf Pirsch. Geld hatte er keines. Das Vergnügen, das er sich leisten konnte, war Sex. Stellte er sich anständig an, kostete es ihn nichts. Vor der Ehe war Sex verpönt. Doch daran hielten sich die wenigsten. Unter dem Dach der Eltern war es Liebespaaren unmöglich, miteinander zu schlafen. Sex hatte man im Auto, im Sommer im Wald und am Rand von Maisfeldern. Es gab Pariser, aber die Scham vieler Männer war zu gross, um in der Apotheke danach zu fragen. Taten es Frauen, galten sie als leichte Mädchen.

Seit ein paar Monaten renovierten Max und sein Bruder Kurt in der Luzerner Altstadt ein Geschäftshaus beim Lindenplatz. In den oberen Geschossen verputzten sie Wohnungen. Sie gipsten im Akkord und übernachteten im Hotel. Max erledigte die grossen Räume, die Schlafzimmer und die Stuben. Kurt blieben die kleinen und verwinkelten Gemächer, der Flur, das Badezimmer, das Treppenhaus. Nach Feierabend zählte Max die Quadratmeter, die sie verputzt hatten. Da Wohnzimmer grösser sind als Bäder, lag Max meist vor Kurt, was ihm wichtig war. Der Ältere und Kräftigere wollte den Ton angeben. Das war schon so gewesen, als sie noch klein waren.

An jenem Ostersonntag zog Max alleine durch die Stadt. Kurt hatte sich mit seiner Freundin verabredet. Für den Abend suchte Max ein Mädchen, im besten Fall für die ganze

Nacht. Nach Hause in den Aargau nach Schöftland mochte er nicht gehen. Mit Trudi hatte er es nicht mehr gut.

Sie hatten sich im Januar 1952 im Turnverein kennengelernt. Sexuell waren beide unerfahren. Nachdem er die Unteroffiziersschule beendet hatte, wurde Trudi schwanger. Sie heirateten, obwohl sie kein Geld hatten und sich nicht wirklich liebten. Ist ein Kind unterwegs, heiratet man. Auf Pump richteten sie sich in Windisch im Februar 1953 eine Wohnung ein. Im Sommer kam ihr Mädchen zur Welt. Gut ein Jahr später bekam es eine Schwester, ein weiteres Jahr darauf einen Bruder.

Jahre danach, in Untersuchungshaft, erzählte Max dem Richter, seine Frau habe ihn sexuell überfordert und nie genug kriegen können. «Ich versuchte während langer Zeit, sie zu befriedigen, um nicht einem Minderwertigkeitsgefühl Platz zu machen», gab er zu Protokoll. Trudi stritt ab, was Max unter Eid behauptete. Das Gegenteil stimme. Ihr Mann habe immer Verkehr gewollt, selbst in Nächten, in denen er fremdgegangen sei und an Händen und Leib nach anderen Frauen gerochen habe.

Viele Luzerner begaben sich an diesem lauen Ostersonntag auf die Strasse. Max ging durch die Gassen der Altstadt. Er war guter Laune, weil er am Vortag erneut mehr Quadratmeter geschafft hatte als Kurt. Beim Schlendern fiel ihm eine junge Frau auf. Keine Schönheit, aber anders als die Mädchen, die ihm sonst begegneten. Ihre Augen gefielen ihm, da sie traurig waren wie die eigenen. Max fragte sie nach ihrem Namen. «Ragnhild», antwortete sie auf Hochdeutsch. «Ragnhild Flater.»

«Max Märki aus Brugg», sagte er. «Sie kommen aus Deutschland?»

«Nein, aus Norwegen.»

Ragnhild Flater war am 1. März 1957 in der Schweiz angekommen. Mit dem Zug und der Fähre war sie über Dänemark nach Hamburg und über Basel nach Luzern gereist. Sie wollte Köchin werden und später ein Hotel führen. In Norwegen wurde ihr geraten, die Schweizerische Hotelfachschule in Luzern zu besuchen. Ihr Deutsch wäre gut genug gewesen, um dem Unterricht zu folgen. Sie verstand alles, nur mit Mundart hatte sie etwas Mühe. Ihr Französisch reichte aber nicht aus, weswegen die Hotelfachschule sie ablehnte und ihr eine Stelle als Hilfsköchin vermittelte. Statt fein kochen zu lernen, heuerte sie im Tea-Room ABC an der Grendelstrasse 3 beim Schwanenplatz an. Im selben Haus bezog sie ein Zimmer und konnte kostenlos im ABC essen. Ende des Monats erhielt sie eine Tüte mit 176 Franken.

Sie war eine Saisonniere. Pro Jahr durfte sich Ragnhild maximal elfeinhalb Monate in der Schweiz aufhalten. Der Bundesrat hatte 1934 das Saisonnierstatut für ausländische Arbeitskräfte eingeführt, da die Schweiz viel Arbeit, aber zu wenig Arbeiter hatte.

«Aus Norwegen? Da war ich noch nie. Sicher kalt.» Etwas anderes fiel Max nicht ein.

«Es ist schön dort, aber die Männer in der Schweiz sind schöner.»

Der kecke Spruch verblüffte Max, er sah aber den Ring an ihrem Finger. «Verheiratet?», fragte er und richtete die Augen auf die beringte Hand der Norwegerin. «Nein, der Ring gehört meiner Grossmutter», sagte Ragnhild. Sie hatte Lust, sich mit einem Menschen zu unterhalten, der gut zu ihr sein würde. Zuvor hatten sie andere Männer angesprochen. Aber sie wies alle ab. Bis Max vor ihr stand. Max gefiel ihr.

«Trinkst du mit einem schönen Schweizer einen Kaffee?», fragte er.

Ragnhild nahm die Einladung an, dabei war sie verlobt in Norwegen. Mit Richard hatte sie schon geschlafen. Die beiden hatten sich ewige Treue geschworen und vereinbart, sie würden nach ihrer Rückkehr aus der Schweiz heiraten und Kinder haben.

An Ostern glaubte Ragnhild, frei zu sein. Zwei Wochen bevor sie Max traf, hatte sie im Luzerner Café Mocca in einer Illustrierten die Horoskope gelesen, als sich eine Frau zu ihr setzte und fragte, ob sie verheiratet sei. Sie hatte den Ring an Ragnhilds Hand gesehen. «Verlobt», sagte die Norwegerin. «Möchten Sie etwas über Ihre Zukunft erfahren?» Die Frau drehte die leere Kaffeetasse um und gab vor, darin zu lesen. Ragnhild nickte. Sie ahnte nicht, wie viele Hellseherinnen, Pendler und Scharlatane im Luzernischen, Nid- und Obwaldnerischen wahrsagten. Die Frau runzelte die Stirn, als würde sie jetzt etwas sagen, das Angst einflössen sollte: «Ihr Verlobter geht fremd.»

Ragnhild hatte der Wahrsagerin geglaubt und folgte mit ihren Worten im Kopf dem fremden Mann ins Restaurant Mövenpick in Luzern. Der Bursche zog sie an, er brachte sie zum Lachen, ein *Filou* mit krausem Haar, kräftig, dunkel, offener als die verstockten Männer im Norden.

Der Schweizer hatte einiges erlebt, was sie beeindruckte. Die Mutter, die ihn verlassen hatte, die böse Stiefmutter, der Hunger während des Krieges. Er sei geschieden und Vater eines Kindes, erzählte Max, ohne über seine beiden anderen Kinder zu reden. Ragnhild erwähnte ihren Verlobten nicht.

Sie logen einander an, redeten und lachten bis spät in die Nacht. Er küsste sie auf der Strasse, was Ragnhild überraschte. Aber es gefiel ihr, obwohl der Kuss von Max nach Zigaretten schmeckte. Sie lagen beieinander in seinem Hotelzimmer, hatten in dieser ersten gemeinsamen Nacht aber keinen Sex. Ein paar Tage später rief er sie an. Und er schrieb ihr, bis sie einwilligte, dass er sie am Samstagabend nach der Arbeit, um 22 Uhr, vor dem ABC abholen durfte. Sie liebten sich im Citroën Légère, auf dem hinteren Polster, das mit Rosshaaren und Federn gefüllt war.

Kurz nach Ostern zügelte Max die Familie von Schöftland nach Unterbözberg in einen Giebelbau, dreistöckig mit schrägem Ziegeldach. Die Einheimischen nannten es *s'Schlössli*. Er nahm eine Stelle bei Hans Urech in Brugg an. Der Gipsermeister gab ihm oberhalb des Magazins an der Eggerstrasse 6 ein Zimmer mit zwei Betten, einem Tisch und zwei Stühlen. In der Kochnische stand ein Elektroherd. Ein Holzofen heizte den Raum. Dusche und Toilette teilte er mit drei anderen Gipsern. In diesem Zimmer verliebten sich der Schweizer und die Norwegerin, im kältesten Mai seit Messbeginn im Jahre 1892. Bis in tiefe Lagen schneite es. Zürich erlebte vier Frostnächte, in St. Gallen zeigte das Thermometer -5 Grad an. Die Ostschweizer Weinbauern erlebten einen Totalausfall.

Er habe eine Frau kennengelernt, erzählte Max seinem Bruder, als er ihn auf dem Zimmer besuchte. «Ich liebe sie.» Nie zuvor und nie nachher hörte Kurt diese Worte von Max. «Liebt sie dich?», fragte Kurt, der Ragnhild ein einziges Mal treffen würde. «Ja, sie liebt mich sehr.»

Ragnhild arbeitete viel. Sie begann früh und blieb bis spät in der Küche. Zeit für den Französischkurs fehlte ihr. Hatte sie frei, wollte sie mit Max zusammen sein. Im grossen schwarzen Auto zeigte er ihr die Schweiz. Sie gingen in den Zoo nach Basel und lachten im Affenhaus. An diesem Tag brachte Max eine Kamera mit, die ihm ein Freund geliehen hatte. Ragnhild fotografierte ihren Geliebten und hängte das Bild in Luzern über dem Bett auf. Als die Polizei sie Monate später verhaftete, versteckte sie es im Koffer und schmuggelte es ins

Gefängnis. Er zeigte ihr den Titlis ob Engelberg und das Benediktiner-Kloster in Einsiedeln. Sie fuhren mit dem Schiff über den Vierwaldstättersee. Ständig redeten sie über die Schweiz und Norwegen, und sie schwärmten von Amerika, wo sie ein neues Leben beginnen wollten.

Ragnhild war gern bei Max. Die Zeit mit ihm machte sie ruhig, und sie fühlte sich frei. Obwohl er kein Geld hatte, schenkte er ihr eine Halskette. Kein echtes Gold, kein echtes Silber, aber die Kette gefiel ihr. Hatte sie unter der Woche frei, gab ihr Max Geld für den Zug, damit sie ihn in Brugg besuchen konnte. Er schenkte ihr eine automatische Tissot, die 185 Franken kostete. Ebenso viel wie der wollene, mit Kunstpelz überzogene Wintermantel, den er ihr kaufte. Sie trug ihn in der Todesnacht, und ein Jahr danach am aargauischen Kriminalgericht.

Im September 1957 traf sie die Wahrsagerin erneut, als sie im Café Mocca eine heisse Schokolade trank. «Das norwegische Mädchen!», grüsste sie und setzte sich zu Ragnhild. «Ich habe für dich zu Hause die Karten gelegt.»

«Was sagen sie?», fragte Ragnhild.

«Wenn du mir drei Franken gibst, sage ich dir alles.»

Ragnhild legte einen Ein- und einen Zweifränkler auf den Tisch.

«Die Karten haben mir von deinem Verlobten berichtet.»

«Von Richard?»

«Ja, er ist dir nicht treu, er wird eine Frau in Holland heiraten.»

Erneut glaubte ihr Ragnhild. Sie schrieb Richard und löste die Verlobung auf. Ein paar Tage später rief Richard sie an. Sie sprachen nur kurz, da Telefonieren ins Ausland teuer war. «Eine Wahrsagerin hat mir zweimal gesagt, du seist mir nicht treu», sagte Ragnhild. «Das stimmt nicht», antwortete Richard und versprach, auf sie zu warten. «Wir reden an Weihnachten über alles, wenn du wieder zu Hause bist.»

An Weihnachten sass Ragnhild in einer kalten Zelle in der fernen Schweiz.

Max

Die Mutter war nicht da, als sich Max mit vier das Bein brach. Die Gelbsucht während der Schulzeit verpasste sie. Nie wechselte sie die Laken, die er noch als Jugendlicher nässte. Sie kannte den Hund nicht, seine erste Liebe, einen Appenzeller, den er zuerst anhimmelte und dann erschoss, weil er ihn nicht behalten durfte.

Zur Welt brachte sie Max im Oktober 1931 im Badener Stadtspital an der Wettingerstrasse. Einen Teil der Baukosten des Krankenhauses hatte die BBC übernommen, die Brown Boveri, damit verunfallte und erkrankte Arbeiter *hurtig* wieder ans Fliessband konnten. Die Familie wohnte von Baden limmatabwärts in Nussbaumen. Nach der Scheidung 1934 sprach das Gericht dem Vater die Kinder zu, den dreijährigen Max und den zweijährigen Kurt. Obwohl die Mutter nicht weit von ihnen entfernt wohnte, besuchte sie ihre Buben nicht. Erst in der Oberschule lernte Max sie kennen, da er anstandshalber einmal im Jahr bei ihr vorbeiging.

Der Vater hatte wieder geheiratet. Von der Stiefmutter erhielten Max und Kurt wenig mütterliche Liebe. Max glaubte, er müsse für alles herhalten, was seine vier Halbschwestern anstellten.

Die Familie zog oft umher. Von Nussbaumen nach Untersiggenthal, wo Max 1937 in die erste Klasse kam, im selben Jahr weiter ins Nachbardorf, nach Kirchdorf. Die Kinder waren ärmlich gekleidet, man könnte sagen: verwahrlost. Mitte November 1941 – deutsche Soldaten steckten vor Moskau im Schlamm fest – mietete die Familie eine Wohnung im Flösserdorf Stilli. Max besuchte in Rüfenach die Sekundarschule. Er lernte gerne und kam ordentlich mit, obwohl er niemanden hatte, der ihm bei den Aufgaben half. Sekundarschullehrer Brugger stellte ihm ein ansprechendes Zeugnis aus, als er im Frühling 1946 die Schule verliess. Max kam ins Welschland und half bis Weihnachten einem Winzer in Mont-sur-Rolle. Er hätte gerne ein waadtländisches Mädchen getroffen, aber er war zu scheu. Ob er am Lac Léman mit einer geschlafen habe, fragte ihn Kurt. «Nein, aber etwas ist passiert.» Max strahlte. «Ich bin trocken.»

Als Hilfsarbeiter kam er drei Monate in die Maschinenfabrik Lehner nach Siggenthal. Bis der Vater es ihm erlaubte, eine Lehre zu machen, obwohl er weniger verdienen würde. Max wollte Koch oder Technischer Zeichner lernen, aber das genehmigte ihm der Vater nicht. In Frage kam einzig der Bau, wo Lehrlinge den höchsten Zahltag erhielten. Bei Albert Meier in Brugg trat Max im Frühling 1947 eine Lehre als Gipser an. Einen Franken betrug sein Stundenlohn im ersten Lehrjahr, im zweiten bekam er 1.40 Franken, im letzten Halbjahr drei Franken. Der Meister zahlte ihm mehr als anderen, damit Max die Ausbildung finanziell durchstehen konnte. Den Lohn gab der Lehrling zu Hause ab. Vom knapp bemessenen Taschengeld – anfänglich 20 Franken monatlich, zuletzt 40 – kaufte er sich Schuhe und Kleider. Max war fleissig, präzise und kam sauber zur Arbeit. Nach dem Lehrabschluss 1951 blieb er im Betrieb und verdiente 3.20 Franken die Stunde. Drei Monate nach dem 20. Geburtstag durfte er das Gehalt für sich behalten, gab dem Vater aber ein Kostgeld.

Max war ein gehorsamer Rekrut und ein guter Soldat. Das Militär gefiel ihm. Nach der Füsilier-Rekrutenschule diente er als Korporal im *Schütze Vieri*, im traditionsreichen Aargauer Schützenbataillon. Er war stolz auf den Rang. Er, Märki Max, den sie als Bettnässer gehänselt hatten, führte andere an. Sie schauten zu ihm hoch und hatten Respekt.

Er war jetzt wer.

Max heiratete Trudi, die einst als Verdingkind zu einem Bauern gekommen und noch ärmer aufgewachsen war als er. Um Möbel zu kaufen, liehen sich die Eheleute bei Gipsermeister Meier 2000 Franken. Jeden Monat würden sie 100 Franken abzahlen.

«Hey Max, wollen wir nicht richtig was verdienen?», fragte Kurt, der ebenfalls bei Albert Meier Gipser gelernt hatte. Es war im Frühsommer 1953. Sowjetische Panzer stoppten am 17. Juni in Berlin, Leipzig und Magdeburg einen landesweiten Aufstand. Hinter dem Eisernen Vorhang brannten Autos, wurden Gefängnisse gestürmt, fielen Schüsse. Kurt war aufgefallen, wie viele neue Häuser entstanden, dass die Kantonsschule Baden gebaut werden sollte, Firmen moderne Bürogebäude errichten liessen, wie die Region boomte, der ganze Kanton. «Warum arbeiten wir nicht auf eigene Rechnung?», fragte der kleine Bruder den grossen. Der Vorschlag kam für Max gerade richtig. Das Darlehen für die Hochzeit hatte sein Verhältnis zum Chef verändert. Nun stand er in dessen Schuld und fühlte sich nicht mehr frei. Er gründete mit Kurt in Hausen bei Brugg ein Gipsergeschäft. Aus vier fleissigen Händen bestand das Betriebskapital der Gebrüder Märki GmbH. Sie schufteten viel, oft von fünf Uhr morgens bis Mitternacht. Aber sie verlangten zu wenig, senkten die Preise, um möglichst viele Aufträge hereinzuholen. Sie kauften Autos, gaben mehr aus, als sie einnahmen, zahlten Rechnungen nicht. Nach der *Büez* prügelten sich die beiden, genau wie sie sich nach der Schule geprügelt hatten. Der Jüngere erlaubte sich Spässe, über die der Ältere nicht lachte.

Nach nur einem Jahr sassen Max und Kurt auf Verlustscheinen von 14 097 Franken und 47 Rappen. Rund 30 Betreibungen waren eingegangen. Die Staatsanwaltschaft klagte.

Ein Richter verurteilte Kurt zu acht Monaten bedingt wegen Betrugs, Max zu drei Monaten.

Gipsermeister Meier hatte seinem Zögling abgeraten, sich selbstständig zu machen. «Als der junge Schnösel mit seinem leichtlebigen Bruder auf eigene Rechnung anfing, war es um Max geschehen», sagte Meier nach dem Mord. «Er stand unter keiner Führung mehr. Max konnte das nicht alleine.»

Wegen der Pleite verlor Max den Dienstgrad und somit die gesellschaftliche Ehre. Vergebens bat er den Gerichtskassierer von Brugg, ihm die militärischen Abzeichen zurückzugeben. Er blieb ein Degradierter. In der Ehe begann es zu kriseln. Max glaubte, etwas nachholen zu müssen, da er früh geheiratet hatte. An Samstagen verschwand er und kam erst Sonntagnacht wieder nach Hause. Oft blieb er unter der Woche der Arbeit fern. Frauen, vermutete seine Frau, und lag richtig. Max betrog Trudi, einmal sogar mit der Frau von Kurt. Und er schlug sie. Max konnte es nicht leiden, wenn sie Intimes über ihre Ehe in der Nachbarschaft ausbreitete. Bereits in Schöftland hatte Trudi eine Scheidungsklage eingereicht, zog sie aber zurück, da Max versprochen hatte, sich zu bessern. «Eine Scheidung können wir den Kindern nicht zumuten», sagte er und meinte: Eine Scheidung kann ich mir nicht leisten.

Im Frühsommer 1957 trat Trudi eine Stelle in der Fabrik an, da die 100 Franken nicht ausreichten, die Max ihr alle zwei Wochen vorbeibrachte. Ab Juli waren es noch 50 Franken gewesen, oft gar nichts mehr. Im September 1957 klagte sie erneut auf Scheidung und bezichtigte Max der wiederholten Tätlichkeit und fortgesetzten Untreue. Vor Gericht verlangte sie für jedes Kind monatlich 100 Franken sowie 100 Franken für sie selbst. Max hoffte, wenigstens seinen Sohn bei sich behalten zu dürfen. Trudi lehnte ab. Alle Sühneversuche scheiterten.

Nach Stadelmanns Tod schlüpfte Max gelegentlich wieder in Unterbözberg bei seiner Familie unter. Er konnte nicht mehr alleine schlafen, sondern musste eine Hand halten, um Ruhe zu finden. Selbst wenn es die Hand der Frau war, die er nicht liebte. Beim Abendessen erzählte Max von einem Mord in Baden, er habe in einem *Heftli* davon gelesen. Trudi hatte noch nie etwas davon gehört und fragte, wer gestorben sei. «Das weiss ich nicht», log Max sie an. An einem anderen Abend erzählte sie, ein Polizist sei bei ihr gewesen und habe sich nach ihm erkundigt. «Wegen des Mordes in Baden?», fragte Max. «Die haben schon Kurt befragt, weil sie glauben, der Mörder sei mit einem DKW unterwegs gewesen.» Mit einem deutschen Dampf-Kraft-Wagen, wie Kurt ihn fuhr.

Trudi verdächtigte Max nicht. Gewiss, er war ein wilder Kerl, wüst und manchmal grob. Aber einen umbringen? Das würde Max nie tun.

Ragnhild

Krankenschwester wäre sie gerne geworden. Sie stellte sich vor, wie sie an der Seite eines Arztes in einem abgelegenen norwegischen Dorf Leben retten würde, wie in den romantischen Büchern, die sie als Mädchen gerne las. Dazu hätte sie die Matura machen und vier weitere Jahre zur Schule gehen müssen. Ihre Mutter traute ihr das nicht zu. Mach, was du kannst, sagte sie. An der Schule fiel ihre Tochter als gute Köchin auf.

Ragnhild Flater wuchs auf einem stattlichen Bauernhof in Røyken auf, eine Fahrstunde entfernt von der norwegischen Hauptstadt Oslo. Der Vater bewirtschaftete Wald, sie hielten 20 Stück Rinder und zwei Pferde. Als eine der ersten Familien in Røyken bauten sie nach dem Zweiten Weltkrieg ein modernes Wohnhaus. Die alten Häuser des Hofs waren gross gewesen, im Winter aber bitterkalt. Nun bewunderten viele im Dorf das prachtvolle Gebäude mit Zentralheizung.

Zur Welt kam Ragnhild an Heiligabend 1936. Sie hatte einen vier Jahre älteren Bruder und eine Stiefschwester, die aber nicht bei ihnen wohnte. Die Mutter war bei ihrer Geburt 29, ihr Vater weit über 40 und zum zweiten Mal verheiratet. «Mein Vater ist sehr alt», sagte Ragnhild zu Max. Ihre Kindheit war unbeschwert, die Eltern stolz auf das fleissige und zuverlässige Mädchen, das gute Noten schrieb, als ehrlich und redlich galt. Mutter und Vater verwöhnten sie, «vielleicht etwas zu viel», sagte Ragnhild, als Luzerner Polizisten sie nach ihrer Festnahme befragten.

Während der Besetzung Norwegens durch Nazi-Deutschland ging sie in die Primarschule. Mit 13 kam sie in die Realschule nach Drammen, 30 Kilometer von zu Hause entfernt. Eine Pflegemutter betreute sie. Die Mitschüler mochten sie, die Lehrer waren zufrieden. Sie fiel nicht ab und schwang nicht obenaus. Bis sie einmal für ein paar Tage der Schule fernblieb. Als man sie stellte, zuckte sie erst mit den Schultern und tischte dann eine fantasievolle Erklärung auf, die ihr niemand glauben mochte. Ragnhild habe die Moral einer Sechsjährigen, meinte eine Lehrerin. Besonders besorgt war sie nicht; ihr kindliches Wesen werde das Mädchen zu einem guten Menschen formen.

Sie las Groschenhefte über Könige und Prinzessinnen, Krankenschwestern und Ärzte. Am Radio gefielen ihr die Hörspiele. Zweimal im Jahr ging Ragnhild ins Kino. Die Bauerntochter trat der Landjugend bei. Sie lernte Sprachen und gehörte der ‹Unge Høyre› an, der Jugendorganisation der konservativen Partei. Ragnhild rauchte nicht, ab und zu trank sie ein Bier oder ein Glas Wein.

Mit 18 besuchte sie die Handelsschule in Drammen, zog weiter an die Hausfrauenschule nach Åsgårdstrand, einem Badeort am Oslofjord. Im Juni 1955 verdiente sie etwas Geld als Kellnerin im Grandhotel Åsgårdstrand. Dort traf sie Richard, einen Hünen, der Koch lernte. Richard war der erste Mann, mit dem Ragnhild schlief. Sie empfand es weder als besonders schön noch als unangenehm.

An Weihnachten verlobten sie sich, erzählten es ihren Eltern aber erst hinterher. Oft stritten sie sich. Richard wünschte sich, sie würde sich mehr wie eine Dame verhalten. Ragnhild aber wollte wild und frei sein. Mit einer Mitschülerin klaute sie im April 1956 im Grandhotel 100 Kronen. Worauf Norwegens Jugendbehörde sie unter Aufsicht stellte. Einen Monat später bestand sie die erste Vorprüfung im Hotelfachkurs. Im Sommer trat sie auf der Insel Kirkeøy nahe der Grenze zu Schweden im Hotel Larvik eine Stelle als Kellnerin an. Man ertappte sie, als sie einer Kollegin 40 Kronen stehlen wollte. Aus Geldnot, rechtfertigte sie sich.

Anfang 1957 arbeitete sie als Hilfsköchin im Hotel Eidsgård in Gol, einem Langlauf-Resort auf halbem Weg zwischen Oslo und Bergen. Sie verdiente 300 Kronen im Monat und gab immer alles aus. Krankenpflegerin wollte sie noch immer werden. Ihre Eltern waren dagegen und schickten sie in die Schweiz.

Drei Tage nach Ragnhilds Ankunft stimmten die Schweizer Männer über die Einführung eines obligatorischen Zivilschutzdienstes für Frauen ab. Der damalige Gemeindepräsident des Walliser Dorfes Unterbäch fand es absurd, dass Frauen nicht abstimmen durften, zumal die Vorlage ja sie betraf. Gegen den Willen des Bundesrates und der Walliser Kantonsregierung erteilte er den Bürgerinnen ein einmaliges Stimmrecht. Von 84 volljährigen Unterbächerinnen stimmten 33 ab. Reporter aus der ganzen Schweiz und sogar aus Amerika waren angereist, um über den Widerstand des kleinen Walliser Dorfes zu berichten. Niemand zählte die Stimmen der Frauen aus. Trotzdem war der trotzige Akt ein Meilenstein auf dem Weg zur Einführung des Stimm- und Wahlrechts für Schweizerinnen im Jahr 1971.

In Ragnhilds Heimat erhielten die Frauen das Stimm- und Wahlrecht teilweise bereits 1907 und uneingeschränkt 1913.

Telegramm

Max pendelte. Seine Frau lebte mit den Kindern auf dem Bözberg, während er in Brugg in einem kargen Zimmer hauste. An den Wochenenden holte er Ragnhild zu sich. So gut es ging, versteckten sie ihre Liebe. Auf der Strasse zeigten sie sich selten zusammen, und wenn sie es taten, tauschten sie keine Zärtlichkeiten aus. Trudi wusste nicht, dass aus der Bekanntschaft mit der Norwegerin mehr geworden war. «Ist das eine von deinen Frauen?», fragte sie, als sie in einem Kittel von Max einen Zettel mit einem Namen fand. «Ragnhild Flater, eine Ausländerin?», fragte Trudi. Max sagte nichts. «Ich werde sie bei der Polizei anzeigen, dann muss sie abhauen», drohte Trudi und meinte es ernst.

«Lass sie in Ruhe», versuchte Max zu beruhigen. «Ich habe sie nur einmal getroffen, ich kenne sie nicht.» Die Lüge wirkte, Trudi vergass die Norwegerin.

Max dachte ständig an sie. Er konnte nicht mehr ohne Ragnhild sein. Jede freie Stunde, alle freien Tage verbrachten die beiden miteinander. Sahen sie sich nicht, verging die Zeit langsam. Waren sie zusammen, rannte sie. Hatte Ragnhild Zimmerstunde, sehnte sie sich nach ihm. Oft stand sie am Samstagabend in Luzern am offenen Fenster und suchte das Licht der Autoscheinwerfer, horchte dem Rattern des französischen Motors. Sie bat ihren Chef, ihr den Samstag freizugeben, damit sie den ganzen Tag und nicht nur einen Abend mit Max hatte. Einen eigenen Telefonanschluss hatten beide nicht. Um ihre Stimme zu hören, rief Max sie jeweils von einem Restaurant an.

Täglich schrieben sie sich, manchmal mehrmals. Er brachte ihr schweizerdeutsche Worte bei, sie ihm norwegische. «*Sali*, Max», fing sie Briefe an. Den Satz «Jeg Elsker Deg Nur

Du» sandte er ihr per Telegramm: «Ich liebe dich, nur dich.» Ihr Deutsch war nicht perfekt, aber gut. «Ich gehe nie von dir ohne du es sagst», schrieb sie ihm und meinte: Ich bleibe bei dir, ausser du schickst mich weg. Sie hätte ein Buch über ihre Liebe schreiben können, so gross war sie. Eine Frage trieb sie um: Liebt er mich so sehr, wie ich ihn liebe? War sie genug für ihn? «Du bist ein schöner Mann, Max, du musst eine hübsche Frau finden», teilte sie ihm mit und fragte, warum er an Ostern sie und nicht eine andere angesprochen hatte. Gingen sie auseinander, tat es ihr weh, selbst wenn es nur wenige Tage waren. Ohne Max war sie nervös, schmerzte sie der Kopf in der stickigen Küche des Tea-Rooms. Die Schmerzen verflogen, sobald sie ihren Kopf auf seine Schultern senken konnte.

Er schenkte ihr Stoffe, die Trudi vor zwei Jahren gekauft hatte, ihr aber zu dunkel waren. Ragnhild solle sich ein Kleid nähen. «Die grösste Freude machst du mir nicht mit Geld, die grösste Freude machst du mir, wenn du immer bei mir bleibst», schrieb sie. Sie liebte ihn genauso ohne die Geschenke. Es störte sie, wenn er zahlte. Ragnhild wollte geliebt, nicht gekauft werden. «Wir sind nicht verheiratet. Warum soll ein Mann immer bezahlen, wenn doch beide Geld verdienen?»

Max war ihr Geliebter und er war ihr Freund. Ein Mann, fünf Jahre älter als sie, der ihr das Leben zeigte. «Sei mir immer treu», schrieb sie und versprach, es ebenfalls zu sein. Angst, er würde gehen und nicht wiederkommen, hatte sie immer. Deshalb schlief sie mit ihm, ohne Lust zu haben. Sie erduldete es, als er sagte, sie sei keine echte Frau, wenn sie ihn nicht zu sich lasse. «Bitte, Max, glaube es mir, glaube es mir», schrieb sie nach einem Wochenende im Herbst, an dem er Sex verlangt hatte und sie sich Zuneigung und Zärtlichkeit wünschte, sie sich stritten und er ihre Liebe anzweifelte. «Ich lüge nicht, ich liebe dich, mein Herz ist sauber.»

Ragnhild öffnete Max, den verhärmten Mann, den die Mutter verlassen, die Stiefmutter mit Riemen geschlagen und mit Worten gequält hatte. «Wenn du böse Gedanken hast, komm zu mir», sagte sie. «Alles hat Platz, ich werde dich nicht auslachen und nie Nein sagen.» Was er sage, behalte sie für sich. «Es geht einem Menschen besser, wenn er erzählen kann.» Sie erzählte ihm von ihrem Vater, der an Krebs erkrankt war und innert weniger Wochen um Jahre gealtert sei. Dann schimpfte sie mit Max, da er viel mehr rauchte als ihr Vater. Sie zündete sich erstmals in Luzern eine Zigarette an und verheimlichte es ihrem Freund.

Max hatte zuvor und nachher nie einen Menschen gekannt, der sich ihm so bedingungslos hingab wie Ragnhild. Dabei schämte er sich vor ihr. Er entschuldigte sich für das, was er aus seiner Sicht war: ein Gauner und ein Halunke. «Du bist kein Gauner, Max. Es gibt viele, die das tun, was du gemacht hast», tröstete sie ihn. Er fühlte sich schuldig, weil die Beziehung zu seiner Frau gescheitert war und er sich scheiden liess. Ragnhild versuchte, ihm die Scham zu nehmen. «Du würdest nicht gehen, wenn die Liebe zu deiner Frau echt wäre.»

Sie hoffte, in Brugg arbeiten und mit Max leben zu können. Zu lange und zu beschwerlich kamen ihr die Reisen in den Aargau vor, die 70 Kilometer Fahrt von Luzern über Emmen, entlang des Sempachersees, das Suhrental hoch, vorbei an Schöftland. Nachts hielten sie zum Tanken in Zofingen, bevor sie an Safenwil über Holziken und Lenzburg auf die Ebene des Birrfelds nach Brugg kamen. Ihr wurde schwindelig von den Benzindämpfen und dem lauten Motor.

Die Fremdenpolizei verbot ihr, die Stelle zu wechseln. Bevor sie in einen anderen Kanton ziehen dürfe, müsse sie neun Monate in Luzern bleiben.

Beide fürchteten Weihnachten, weil sie die Festtage getrennt verbringen würden. Max mit der Familie, Ragnhild in Norwegen.

Mitte Oktober hätte sie ihre Tage bekommen sollen. Wie immer, seit sie 13 war. Alle 25 Tage, gleich stark, fünf Tage lang. Jetzt kamen die Tage nicht. «Max, ich erwarte dein Kind», sagte Ragnhild. Max schwieg. Er fürchtete die Kosten für ein viertes Kind und eine zweite Hochzeit.

Wagenheber

Die Nacht war bereits angebrochen, kurz nach 19 Uhr, als der Zug aus Aarau mit ein paar Minuten Verspätung auf Gleis 1 des Badener Bahnhofs einfuhr. Ragnhild trug einen langen Mantel, der ihren Rock bedeckte und bis zu den Knöcheln reichte, dazu flache Schuhe. Sie wartete in Sichtdistanz zum Kiosk. Hier war vor 110 Jahren die erste Bahnstrecke der Schweiz eröffnet worden, von Zürich nach Baden. Seit 1937 feiern die Badener alle zehn Jahre ihre Badenfahrt. Im Sommer 1957 war das zehntägige Stadtfest ausgefallen, da beim Bahnhof und bei der Kreuzung um den Schulhausplatz grössere Umbauarbeiten stattfanden.

Als sich die Passagiere zerstreut hatten, sah Ragnhild vor dem Kiosk einen Mann mit Mappe und Zeitung. Weil er im Gegensatz zu den meisten anderen Männern keinen Hut trug, erkannte sie dessen Bürstenschnitt. Stadelmann, vermutete Ragnhild richtig und ging auf ihn zu. Sie hatte ihre langen Haare, die sie sonst im Nacken geknotet trug oder zu einem Rossschwanz band, offen herunterhängen lassen. Max hatte ihr gesagt, sie solle das Haar auf die Schultern und den Nacken fallen lassen und nach dem Raub nur noch geschlossen tragen.

«Herr Stadelmann?», fragte sie mit nordischem Akzent.

«Ja, das bin ich», antwortete er, blickte nach rechts und links.

«Freut mich, Frau Keller», stellte sie sich vor.

«Guten Abend, Frau Keller, ist Ihr Mann nicht da?»

«Er wartet daheim, hat den Opel gerade geputzt, ich bringe Sie im Citroën auf die Baldegg.»

«Verstehe, wo ist Ihr Wagen parkiert?»

«Auf der anderen Seite der Geleise, beim Gstühl.»

Stadelmann kannte sich in Baden besser aus als sie und ging voran, vorbei an den Autos, die entlang der Geleise parkiert waren. Ragnhild folgte dicht dahinter. Sie war angespannt, sagte nur, was sie sagen musste, damit Stadelmann ihre Unruhe nicht bemerkte. Er hingegen schien bei bester Laune und suchte das Gespräch. «Es regnet ja schon», sagte er, «früher, als es das Radio ankündigte.»

«Ja», antwortete sie und erhöhte die Kadenz ihrer Schritte.

«Haben Sie einen Schirm dabei?»

«Nein.»

In der Nähe des Bahnübergangs gingen sie an einer jungen Frau vorbei, die, ungesehen von beiden, errötete. Später würde sie zu Protokoll geben, sie habe Stadelmann erkannt, sie würden in Rohr die gleiche Freikirche besuchen, sie sei schon bei ihm zu Hause gewesen, und eigentlich habe sie ihn heiraten sollen. Nun sah sie ihn am Ende des Sabbats mit einer Frau durch Baden spazieren, die jünger war als er und von der ihr Versprochener noch nie etwas erzählt hatte.

Stadelmann und Flater überquerten die Geleise, bogen rechts ab und erreichten nach wenigen Minuten den neuerdings geteerten, von einem einzigen Bauernhaus gesäumten Parkplatz beim Gstühl. Der Citroën war wenige Meter neben dem Pissoir parkiert, bereit zur Abfahrt Richtung Belvédère. Ragnhild öffnete die vordere rechte Wagentüre der schwarzen Limousine. «Selbstmördertüre» hiess sie im Volksmund, da sie beim Légère nach vorne aufging und schon mancher rausgefallen war. «Ein schönes Auto», bemerkte er und stieg ein. Sie nickte, die Hände zitterten. ‹En vogue› war der Légère 1957 längst nicht mehr. Citroën hatte verkündet, die Herstellung des Klassikers noch dieses Jahr einzustellen.

Max wartete mit einem Hund unter dem Dach des Veloständers beim Gstühl. Insgeheim hoffte er ja, Stadelmann würde nicht aus dem Zug steigen. Oder er käme mit einem Freund, einem kräftigen. Dann müsste er den *Chrampf* nicht durchziehen. Als er aber sah, wie seine Geliebte und der Handelsreisende zu Fuss auf den Gstühlplatz einbogen, sagte er leise zu sich: «Das muss ich jetzt machen.» Er erleichterte sich im Pissoir, schritt über den Platz und ging auf die Limousine zu. An der Leine führte er Rex, den Schäferhund seines Bruders. Sollte er gesehen werden, würde das Tier die Fährte zu einem Hundebesitzer legen.

«Grüezi, Frau Keller», grüsste Max, wie er und Ragnhild es ausgemacht hatten. Er trug dunkle Hosen und einen dunklen Kittel.

«Oh, Herr Meier, guten Abend, Sie werden ja ganz nass», sagte Ragnhild.

«Können Sie mich mitnehmen?», fragte Max.

«Müssen Sie auf die Baldegg?»

«Ja, ich bin auf dem Weg nach Hause.»

«Steigen Sie ein, Sie sollten bei diesem Regen nicht zu Fuss gehen.»

Max öffnete die hintere rechte Türe, die ebenfalls nach vorne aufging, und nahm hinter Stadelmann Platz. Rex sprang ins Auto und machte es sich auf dem Polster bequem. Ragnhild drehte den Zündschlüssel nach rechts, um den Strom einzuschalten. Da es kalt war, zog sie Choke und Zugschalter und drückte auf den Anlasser. Der Motor sprang an und ratterte wie ein schlecht eingestelltes Maschinengewehr, so wie vor dem Krieg entwickelte Motoren klangen. Im Auspuff explodierten nicht verbrannte Benzintropfen. Ragnhild fuhr aus dem Parkplatz heraus und bog auf die Rütistrasse ein. Von Stadelmann unbemerkt, griff Märki unter den vorderen rechten Sitz und nahm den Wagenheber in die rechte

Hand, ein massiges Stück Eisen, eineinhalb Kilogramm schwer, das er in einen Papiersack eingewickelt hatte. Unterhalb der Ruine Stein würde er nach der ersten spitzen Rechtskurve zuschlagen, den ersten und einzigen Hieb ausführen. Niemand würde sie sehen, Stadelmann sofort bewusstlos werden und mindestens eine Viertelstunde lang, vielleicht 30 Minuten, benommen bleiben. Was ausreichen würde, ihm das Geld abzunehmen, ein Stück weiterzufahren und den armen Kerl irgendwo am Waldrand auszuladen und davonzufahren.

Diesen Plan trug Max schon lange mit sich herum. Die Details hatte er sich aber erst am Tag zuvor zurechtgelegt, im Gespräch mit Ragnhild auf einem Ausflug nach Zürich. Anfang Oktober hatte sie im Tea-Room einen neuen Chef erhalten. Der bisherige, den sie mochte, hatte ihr ein gutes Zeugnis ausgestellt, das sie auf Norwegisch übersetzen und konsularisch beglaubigen lassen wollte. Der Termin im norwegischen Konsulat war auf Freitagnachmittag in Zürich angesetzt. Am Abend zuvor holte Max sie in Luzern ab. Obwohl er bereits mit Stadelmann gesprochen hatte, weihte er seine Geliebte noch nicht ein. Am Freitag fuhren sie mit der Bahn nach Zürich, da am Citroën ein Reifen geplatzt war, den Max in Brugg in der Garage wechseln liess. Sie besuchten das Konsulat, besichtigten das Grossmünster und assen in einem Restaurant.

«Ich habe ein Geheimnis», sagte Max noch vor dem Hauptgang.
«Sag es mir!»
«Du musst dich gedulden, ich sage es dir in zwei Tagen.»
«Sag es jetzt!»
«Es darf niemand davon erfahren, es muss geheim bleiben.»
«Versprochen!»

«Ich habe ein Lockinserat für *en Charre* aufgegeben, einen Opel.»

Max legte ihr die erste Version seines Plans dar. Er habe mit Stadelmann telefoniert, ein Treffen sei ausgemacht, am Samstagabend um 19 Uhr beim Bahnhof in Baden. «Ich werde ihn abholen», sagte Max. In der rechten Hand werde er eine Zeitung halten, darin wickle er ein Eisenrohr ein. Zu Fuss werde er mit ihm aus der Stadt marschieren. Kurz nach dem Gstühlplatz, wo eine Treppe zum Belvédère führe, werde er links den meist menschenleeren Weg zur Ruine Stein gehen. «Dort schlage ich ihn bewusstlos und raube ihn aus. Dann haue ich ab, lange wird er nicht k. o. sein.» Max kannte sich beim K. o. aus, schliesslich boxte er.

«Du willst ihn töten?», fragte Ragnhild.

«Nein, natürlich nicht.»

«Ein Schlag mit einem Eisenrohr setzt einem doch zu.»

«Der Schlag auf den Hinterkopf macht ihn bewusstlos. Der kommt wieder zu sich.»

«Weisst du, wie er aussieht?»

«Er hat eine Mappe und eine Zeitung dabei, das ‹Aargauer Tagblatt›.»

«Wie viel Geld?»

«4000 Franken.»

Ragnhild überlegte. «Das ist Unsinn», sagte sie. «Du musst das im Auto machen.»

«Warum?»

«Zu Fuss begegnen dir zu viele Leute, die dich kennen und später zur Polizei gehen.»

Max schwieg.

«Ehrlich gesagt finde ich es gefährlich, was du vorhast», sagte Ragnhild. «Wirst du erkannt, kommst du ins Zuchthaus.»

«Mich erkennt keiner.»

«Du bist von hier. Stadelmann könnte sich an dein Gesicht erinnern.»

«Ich klebe mir ein Schnäuzchen an, trage eine Brille mit Fenstergläsern, ein Béret, dann glauben alle, ich sei ein Franzose.» Ragnhild musste lachen. Max, der Franzose. Ein französisches Auto hatte er ja schon. «Vielleicht sieht das etwas zu künstlich aus», sagte er. «Aber den Arm werde ich in einer Schlinge tragen, ich habe Stadelmann gesagt, meine Hand sei kaputt.»

Sie trank einen Schluck Wasser und sagte, er könne das nicht alleine tun. «Ich helfe dir.»

«Wirklich?»

«Es ist doch zu gefährlich, wenn du das alleine machst.»

Max war gerührt. Ein anderer Mensch bot ihm Hilfe an. Das kam selten vor. «Ja, ich brauche dich, bitte, hilf mir! Ohne dich schaff ich das nicht!»

«Du musst Stadelmann an einen Ort führen, wo es keine Menschen hat», riet sie ihm.

Er bestellte die Rechnung und zahlte, wie meist. Auf dem Weg zum Hauptbahnhof einigten sie sich, den Raub im fahrenden Auto und nicht zu Fuss zu verüben, im Citroën, in dem sie sich damals zum ersten Mal geliebt hatten. Sie waren aufgekratzt, verfeinerten und verbesserten den Plan.

«Mit was schlägst du ihn nieder?», wollte Ragnhild wissen.

«Das weiss ich noch nicht, mit einer Eisenstange oder mit den Händen.»

«Und wo?»

«Wir fahren den Berg hinauf. Wo es keine Häuser mehr hat, mache ich es.»

«Passiert ihm sicher nichts?»

«Nein, glaub mir, ein Schlag auf den Hinterkopf reicht, und der ist weg.»

«Töten will ich niemanden», betonte sie und fragte: «Was machen wir mit dem Geld?»
«Wir verstecken es, dann gehen wir nach Amerika.»
«Kennst du den Weg nach Amerika?»
«Mit dem Auto nach Dänemark, dort nehmen wir das Schiff nach New York.»
Er schaffe es nicht alleine, wiederholte Max im Zug. «Ich brauche dich.»

Ragnhild war am Samstag im ABC eingeteilt. In Brugg gingen sie ins Restaurant Habsburg und baten die Serviertochter, in Luzern anzurufen und auszurichten, Ragnhild liege krank im Bett, sie könne nicht arbeiten.
Auf dem Zimmer bereinigten sie den Plan. «Was, wenn er mich fragt, warum hier ein Citroën und kein Opel steht?», wollte Ragnhild wissen.
«Sag ihm, der Opel werde gewaschen. Wenn er im Auto sitzt, werde ich mit Rex kommen und mich als Meier vorstellen. Du lädst mich ein und fährst zum Belvédère.»
«Wie finde ich den Weg?»
«Ich zeige ihn dir, wir fahren das zusammen ab.»
«Lass uns ins Bett gehen, ich möchte nicht mehr darüber sprechen, sonst kann ich nicht schlafen», bat Ragnhild.

Am Samstagmorgen ging Max um sieben Uhr aus dem Haus. Um halb acht musste er auf der Baustelle an der Aarauerstrasse sein, wo die Migros einen wuchtigen Betonbau erstellen liess. Ragnhild blieb liegen. Ihre Hüften schmerzten, weswegen sie seit Wochen in Behandlung war. Von innen schloss sie die Türe ab und liess den Schlüssel stecken. Sie hatte Angst, obwohl sie noch nichts angestellt hatte. Gegen Mittag klopfte es. Max, freute sich Ragnhild und öffnete. Er wusch sich den Staub aus dem Gesicht, zog saubere Kleider an, öffnete eine Büchse Ravioli, wärmte und ass sie. Ragnhild hatte keinen Hunger, sie fror. Nach einer Stunde ging er wieder.

«Ich hole den Hund», sagte Max und fuhr ins Hölzli nach Untersiggenthal, wo sein Vater und Bruder Kurt wohnten, und Rex, der eineinhalbjährige deutsche Schäfer, der einst ihm gehörte. Da Trudi Hunde nicht mochte, hatte Max das Tier seinem Bruder für 50 Franken überlassen. Einen Zwinger leistete sich Kurt nicht, er hielt Rex in einer Vogel-Voliere. Gelegentlich nahm Max den Hund zu sich, wie an diesem Samstag.

Rex blieb bei Ragnhild, als Max am Nachmittag auf den Bözberg fuhr, um seine Kinder zu sehen. Kaum hatte er den Motor abgestellt und war ausgestiegen, verlangte seine Frau Geld von ihm. «Morgen bringe ich es dir», versprach Max. «Woher willst du über Nacht Geld auftreiben?», fragte sie. «Der Urech gibt mir einen Vorschuss», sagte er, küsste seine drei Kinder und fuhr zurück nach Brugg. Auf der Fahrt war er fest entschlossen, den Raub auszuführen. Max brauchte das Geld.

Aufgewühlt betrat er das Zimmer, griff sich das Fläschchen Cognac, das er vor drei Tagen zu seinem 26. Geburtstag geschenkt bekommen hatte, und trank in einem Zug die Hälfte. Vom Schnaps entkrampft, holte er den Wagenheber aus dem Kofferraum des Citroën, schraubte den Griff so weit wie möglich aus, wickelte das Werkzeug mit dem flachen, runden Boden in einen Papiersack ein und legte es im Auto auf den Boden hinter den rechten Vordersitz.

Kurz nach 18 Uhr fuhren Max und Ragnhild los, die Dämmerung hatte eingesetzt. Bald würde es regnen, was die Bauern aufatmen liess. Sommer wie Herbst waren zu trocken gewesen. Beim Badener Restaurant Kunstgütli bog Märki von der Bruggerstrasse rechts ab, folgte der Rütistrasse, die sich nach der Spitzkehre der Ruine Stein entlang bergwärts in

Richtung Baldegg schlängelte. «Schau genau hin», sagte Max zu Ragnhild. Sie würde nachher am Steuer sitzen und kannte den Weg nicht. Wo genau sie Stadelmann ausrauben wollten, vereinbarten sie auf der Probefahrt nicht. «Du hältst an, wenn es günstig ist und keine Menschen mehr da sind.» Mehr sagte er nicht. Bei der Strassengabelung etwa 200 Meter hinter dem Schützenhaus, wo der Wald begann, wendete er den Citroën.

Nach der Probefahrt parkierte Max rechts vom Pissoir beim Gstühl und begleitete Ragnhild bis zum Stellwerk beim Bahnübergang. Von hier konnten sie das Bahnhofsgebäude sehen. Er wartete mit dem Hund unter einem Blechdach und presste die Beine zusammen. Max musste pinkeln.

Ragnhild legte den dritten der drei Gänge ein. Bei der Einfahrt auf die Rütistrasse sah sie die Lampen des Restaurants Belvédère, die Ruine Stein war beleuchtet. Vielleicht waren es ja die vielen Lichter, die sie ablenkten, oder sie war einfach aufgeregt. Bei der Spitzkehre bog sie rechts in die St. Ursusstrasse, statt links auf der Hauptstrasse zu bleiben. Sie fuhr ins Nichts hinein, in eine Sackgasse, eine enge, ungemütliche Strasse, mit Mauern auf der linken und Hecken auf der rechten Seite. Ragnhild hatte sich verfahren. Vorerst bemerkte sie es nicht. Zu aufgekratzt war sie, zu versessen auf das Steuer, die Strasse, den Atem des fremden Mannes, der neben ihr sass.

Max geriet in Panik. Bestimmt würde Stadelmann merken, dass etwas nicht stimmt, dass die Strasse, auf der sie fuhren, ins Nirgendwo mündete, dass sie etwas im Schild führten.

Max entschied, zuzuschlagen.

Mit der rechten Hand fasste er den Wagenheber, zog so weit aus, wie es das Autodach zuliess, und versetzte Stadelmann einen zünftigen Schlag. Mit dem runden, flachen Ende traf er ihn am Hinterkopf. Märki schlug, so stark er konnte, und hoffte, der Hieb würde reichen, den Händler für mindestens eine Viertelstunde in Ohnmacht zu versetzen. Unbehelligt könnte er in dieser Zeit den Wagen wenden, zum Belvédère fahren, dem *arme Chaib* das Geld abnehmen und ihn auf der Strasse aussetzen. Der Wagenheber wäre schwer genug, um einen Erwachsenen besinnungslos zu hauen.

Der dumpfe Ton erschreckte Ragnhild. So war es nicht ausgemacht, der Schlag später vorgesehen. Der Getroffene ächzte, griff sich mit den Händen an den Kopf und neigte sich nach vorne.

Max hatte noch nie einen Menschen absichtlich verletzt. Sicher, im Boxring hatte er andere geschlagen, mit der gepolsterten Wucht seiner Fäuste. Als Kind schoss er auf Vögel. Mit 17 tötete er einen Hund. Aber Gewalt gegen einen arglosen Menschen? Nie. Die *Flatteren*, die er Trudi verpasst hatte, und die Prügeleien mit anderen Buben rechnete er nicht mit ein.

Schon nach wenigen Sekunden kam Stadelmann wieder zu sich. Max erschrak. Er war nicht sicher, ob der Vertreter das Bewusstsein überhaupt verloren hatte. Angst ergriff ihn. Er schlug ein zweites Mal zu, wieder waagerecht, wieder auf den Hinterkopf. «Lassen Sie mich raus!», rief Stadelmann auf Hochdeutsch, in der Sprache, mit der ihn die junge Frau auf Gleis 1 angesprochen hatte. Er griff Ragnhild an den Mantelkragen und die Bluse. Max versetzte ihm einen dritten Schlag und traf die linke Schläfe. Der Vertreter liess von der Fahrerin ab, taumelte und schien erstmals kurz ohnmächtig zu sein. Sie waren am Ende der Sackgasse angelangt. Ragnhild legte den Rückwärtsgang ein, schaute nach hinten und drückte aufs Gas. Stadelmann kam zu sich, stöhnte und krümmte sich.

Beinahe rammte der Citroën einen parkierten Wagen. «Halt sofort an!», rief Max. Er fürchtete einen Unfall, bevor sie Baden verlassen konnten. «Ich fahre.» Ragnhild bremste.

Während Stadelmann schnaubte, stieg sie vorne aus und hinten wieder ein. Max kletterte über den Vordersitz, griff mit der linken Hand ans Lenkrad – es war eines jener hellen, die Citroën eigens für Schweizer Kunden einbauen liess – und stellte mit der rechten sicher, dass der Rückwärtsgang eingelegt war. Der Hund winselte, ohne Laut zu geben.

Max fuhr rückwärts zur Rütistrasse, wendete das Auto und schlug die Route ein, vorbei an der Ruine Stein, hinauf zum Belvédère. Hinter ihnen lagen die Lichter der Stadt, vor ihnen war der beleuchtete Speisesaal des Restaurants. Stadelmann kam zu sich, atmete schwer und griff dem Fahrer an den Kittelkragen. Max bemerkte, wie feucht und klebrig das Steuerrad war. Blut. Sehen konnte er es nicht, es war zu dunkel. Ragnhild suchte den Boden nach dem Wagenheber ab, fand ihn und zog auf. Als Stadelmann sie sah, liess er von Max ab und legte beide Hände erneut schützend und wortlos an den Hinterkopf. Statt um Hilfe zu rufen, jammerte er und drehte den Kopf seitwärts ab, als wolle er den Winkel für den nächsten Schlag verlängern. Es gelang Ragnhild trotzdem, seinen Kopf mit dem runden, flachen Ende zu treffen.

Bewusst benutzte sie weder die Kante noch die spitze Schlüsseleinmündung. Beides würde ihn verletzen, hatte Max ihr eingebläut. Kurz bevor sie losgefahren waren, hatte er ihr in der Mansarde den Wagenheber vorgeführt. Sie würden ihn mit dem flachen Teil betäuben, nicht den Kopf einschlagen.

Stadelmann stöhnte. Max legte den zweiten Gang ein. Er versuchte sich zu sammeln, doch die Gedanken rasten. Was jetzt? Wie weiter? Was tun?

Als das Auto bei der Allmend ankam, in der Mitte zwischen den Blockhäusern auf der linken Seite und der Rechtskurve Richtung Eichtal, wirkte Stadelmann wach und agil. Er drückte auf die Klinke und öffnete die Selbstmördertüre nach vorne. Max bremste. Stadelmann torkelte aus dem Auto, in der Hand die Mappe aus Kunststoff. Max legte den leeren Gang ein, zog die Handbremse und folgte ihm über die offene rechte Wagentüre. Es regnete in Strömen im Eichtal, auf der kleinen Ebene vor dem Anstieg zur Baldegg. Den Motor liess Max laufen, die Scheinwerfer blieben an. Das Licht brach sich in den Regentropfen. Stadelmann rennt bestimmt schreiend davon und alarmiert jemanden, fürchtete Max, als in der Ferne die erleuchteten Fenster eines Bauernhauses erkannte.

Bis zur Hochzeit hatte sich Max einmal die Woche im Boxclub Brugg geschlagen. Nach der Arbeit trainierte er jeweils daheim. Als 20-Jähriger kämpfte er an Turnieren in Zürich und Brugg, Luzern und Aarau und gewann jeden Kampf. Trudi verabscheute Gewalt und untersagte ihm zu boxen.

Jetzt eilte Max einem taumelnden Mann hinterher, der grösser und kräftiger war als er. Soll ich ihn mit einem Faustschlag niederschlagen? Mit einem gezielten Kinn- oder Magenhaken ist es bestimmt möglich, ihn k. o. zu hauen. Dazu hätte er vor Stadelmann stehen müssen, was riskant war. Sicher, er hätte ihm einen Nierenschlag von hinten versetzen können oder einen Schlag mit der nackten Faust an den Hals, was Boxern untersagt ist. Max hatte dies in einem Buch über die Technik der Kampfsportart gelesen. Dort war beschrieben, wie Schläge auf die Niere Quetschungen oder Nierenrisse erzeugen.

Es kam für Max nicht in Frage, einen Menschen ausserhalb des Rings mit den Fäusten anzugreifen. Deshalb griff der Gipser den Vertreter unter die Arme und zog ihn zu sich. Stadelmann liess es mit sich geschehen. «Gib mir den Wagenheber», befahl Max, der sich wie ein Schwinger an Stadelmann klammerte. Ragnhild suchte die Waffe und liess den zitternden Hund los. Als sie den Wagenheber auf dem Boden des Autos fand, sprang Rex raus, jaulte und japste auf der dunklen Strasse herum.

«Nimm!», schrie sie und reichte Max den Eisenklotz durch die rechte Vordertüre. Er griff sich das Werkzeug und wandte sich Stadelmann zu. Ragnhild hastete dem Schäfer hinterher, fasste ihn am Halsband, zog ihn zwischen ihre Beine und stellte sich neben den Citroën. Sie sah wenig, hörte aber die Geräusche eines wüsten Kampfes. Dank der Scheinwerfer erkannte Max, wohin er schlug, ein erstes, ein zweites Mal auf den Hinterkopf. Er hatte Stadelmann mit der linken Hand nach unten gedrückt, um ihn besser treffen zu können. Als er in die Knie sank, versetzte ihm Märki drei weitere Schläge. Sie waren heftiger als jene im Auto, da er weiter ausziehen konnte.

Nun lag Stadelmann bäuchlings auf dem Boden und regte sich nicht mehr. Statt ihn zu berauben und liegen zu lassen, schleifte Max den Mann zurück ins Auto und legte ihn auf die Rückbank. Der Körper wirkte kraftlos, insbesondere die Beine waren steif. Jetzt ist er endlich bewusstlos. Max war erleichtert. Zuvor glaubte er, Stadelmann sei ein Mensch, der nie in Ohnmacht fallen würde.

Ob er das überleben würde? Max wollte so schnell wie möglich weg vom Eichtal. Jemand könnte sie gesehen haben, zu ihnen stossen und die Polizei rufen. Zudem waren sie noch nicht dazu gekommen, ihm das Geld abzunehmen. In der Hast vergass er, den Kampfplatz nach Spuren abzusuchen. Liegen blieb die Mappe aus Kunstleder mitsamt ‹Aargauer Tagblatt› und Kursbuch der SBB.

Noch wusste Max nicht, wie schlimm er Stadelmann zugerichtet hatte. Er sah das Blut nicht, aber er spürte es. Sein Kittel war nass und klebrig. Nicht vom Regen, es war ein festeres und haftendes Nass. Stadelmann lag auf der hinteren Sitzbank, ein Bein hing hinunter, das andere lag angewinkelt auf dem Polster.

Während Max die kurvige Strasse bergwärts Richtung Baldegg fuhr, liess ihn ein Gedanke nicht los: Der überlebt das nicht, sagte er zu sich. Niemals. Der stirbt.

«Was machen wir jetzt?», fragte er, laut und ergriffen.

«Warum legen wir ihn nicht an den Wegrand?», antwortete Ragnhild. «Jemand wird kommen, ihn zu sich nach Hause nehmen und aufrichten.»

«Was, wenn er sich die Autonummer gemerkt hat?», fragte Max. «Schläge auf den Hinterkopf bewirken eine Gedächtnislücke», sagte Ragnhild. Max hatte ihr das gestern in Zürich erklärt. «Wenn sie ihn finden, wird er alles vergessen haben.»

Max schwieg. Er konnte nicht gleichzeitig denken und reden. Sie fuhren an Bauernhöfen vorbei, draussen duftete es nach Landwirtschaft, nicht derb nach Kühen, sondern süsslich nach gefallenem Obst. Im Dorfkern von Münzlishausen musste Max abbremsen, die Strasse war eng, die Kurve scharf. Er fuhr an Giebelhäusern vorbei und einem Brunnen mit badewannenartigem Becken. Max kannte den Weg hinunter nach Birmenstorf, da er hier schon mehrere Ausfahrten mit der Familie gemacht hatte, letztmals im Sommer vor einem Jahr.

Weil die Scheiben mit Blut verschmiert waren, sah er wenig. Um ein Haar wäre er mit einem Motorroller kollidiert, der ihm entgegenkam, eine italienische Vespa, wie sie in den letzten Jahren in Baden in Mode gekommen waren. Der Roller fuhr in der Mitte der Strasse und schien zu schwanken. Nachdem Max das Dorf passiert hatte, zündete er die flache, ovale Lampe an der Wagendecke an. Was er sah, liess ihn erstarren. Der Légère war blutverschmiert: Die Sitze, die Seitenwände, die Fenster, die Verkleidung, Max und Ragnhild, Rex – alles und alle waren blutig. Blut war zwischen die Rücklehne und die Sitzpolster unter den Sitz gelaufen. «Der hat einen Liter oder noch mehr verloren», sagte er und bemerkte die Blutlache unter dem Sitz. Erkennen konnte er Stadelmann nicht, er lag hinter ihm. Max sprach nicht aus, um was seine Gedanken kreisten. Dass er daran war, einen Menschen zu töten, sie einen Mord begingen. Aber er habe es gedacht, gab er später zu Protokoll. Der wird nie mehr gesund, kein Arzt kann ihn retten. Um die Spuren zu verwischen, werfe ich ihn ins Wasser.

Max erkannte einen Fussgänger, der über die Strasse ging, konnte aber nicht feststellen, ob er sie wahrgenommen hatte. Als er versuchte, die beschlagenen Scheiben mit dem Ärmel zu reinigen, bemerkte er, wie viel Blut daran klebte.

Sie hatten das Restaurant Baldegg passiert und fuhren talwärts durch den Wald über eine Schotterstrasse, vorbei an frisch geschlagenen Holzhaufen. Die Scheinwerfer beleuchteten die Laubbäume. In der Dunkelheit wirkte das Grün grau und leblos. Stadelmann lag auf dem Rücksitz und machte keine Geräusche. Von unten spickten Kieselsteine ans Auto. Drosseln musste Max das Tempo nicht einmal in den Kurven, die selbsttragende und tief liegende Karosserie gab dem Citroën den nötigen Halt.

«Er kommt wieder! Er kommt!», schrie Ragnhild. Stadelmann regte sich und versuchte, sich aufzurichten. Von vorne hatte sie keinen Zugriff zum Wagenheber. Mit einer Hand drückte sie den Schwerverletzten zurück, mit der anderen zog sie ihm den Schuh vom linken Fuss und haute ihm mehrmals mit dem gummierten Absatz auf den Kopf. «Nimm den Wagenheber», befahl Max. Stadelmann sollte die Türe nicht noch einmal öffnen. Mitten im Wald zündete er das Licht erneut an und verlangsamte das Tempo. Die Hilfsköchin fand den Wagenheber und schlug damit auf den Vertreter ein. Sie glaubte, eine innere Stimme zu hören, die sie fragte: «Was machst du da?» Ist es Gott, der in diesen Stunden von

Satan ausgebremst wird? Sie dachte an Max, den sie liebte. Dem sie helfen wollte, weil er unglücklich war wegen der gescheiterten Ehe. Mit dem sie Erbarmen hatte.

Lichtkegel

Max fasste den Entschluss, sich Stadelmanns zu entledigen. «Bist du einverstanden, dass wir ihn in den Fluss werfen?», fragte er Ragnhild. «Warum laden wir ihn nicht irgendwo auf der Strasse aus?», fragte sie zurück. «Dann sieht das so aus, als wäre er von einem Auto überfahren worden, als wäre es ein Unfall gewesen.» Max überlegte und schrie: «Ins Wasser! Ins Wasser!» Er werde Stadelmann von der Brücke zwischen Birmenstorf und Mülligen in die Reuss werfen. In den Fluss, den der Handelsreisende erst vor einer halben Stunde mit dem Zug überquert hatte.

Nach dem Dörfchen Dättwil bog Max beim Restaurant Sommerhalde rechts ab Richtung Birmenstorf. Er kannte die Strasse, da er in Fislisbach vor Kurzem auf einem Neubau gearbeitet hatte. «Er kommt wieder, er kommt!», schrie Ragnhild plötzlich und schlug abermals zu. Sie traf den auf dem Bauch liegenden Stadelmann mit der Kante. Blut spritzte. «Nimm ihm das Geld ab», befahl Max. Im Kittel des Vertreters fand sie das Portemonnaie mit Fahrzeug- und Führerausweis, dazu ein Etui mit Bleistiften sowie Füllfeder. All das legte sie auf den Vordersitz.

«Ist etwas drin?», fragte Max und zündete das Licht an. «Mehrere tausend Franken.» Wie viel es war, sah sie nicht. Erst in Brugg würden sie 4100 Franken zählen. «Wie sieht das Geld aus?», fragte Max. «Es hat Blut daran», sagte sie, zeigte ihm einen Geldschein und fürchtete, Max würde einen Unfall verursachen, da er statt auf die Strasse auf die Beute blickte.

Die Luft im Auto roch eisern, sie schwitzte, Stadelmanns Hecheln setzte ihr zu. Mit jedem Atemzug, den sie hörte, erhöhte sich ihre Angst. «Ich will weg», jammerte sie. «Es geht nicht mehr lange», beruhigte Max. Der schwarze Citroën fuhr durch das langgezogene Strassendorf Birmenstorf, vorbei am Wirtshaus Chrüz, an Bauern, die frisch gemolkene Milch in die *Chäsi* trugen, an der Schmitte, die vor wenigen Monaten den Schmiedebetrieb aufgegeben hatte, da die Aufträge fehlten. Der Besitzer hatte in Baden bei der BBC angeheuert.

Nach dem Gasthof Adler bog Max links ab. Kurvenreich führte die stark abfallende Strasse hinunter zur Reuss. Über eine scharfe Rechtskurve erreichte er den 1949 fertiggestellten Betonübergang nach Mülligen, hielt mitten auf der Brücke, stieg aus, ging ums Auto herum und vergewisserte sich, dass niemand herannahte. Die Reuss floss leise, da sie wenig Wasser führte. Krähen krächzten. Von Höfen bellten Hunde. Aus der Ferne waren Kirchenglocken zu hören, von nah Regentropfen, die auf den Fluss und die Strasse fielen, sowie ein Bach, der in die Reuss mündet.

Ragnhild blieb im Auto und beruhigte Rex. Der lebt noch, dachte sie, als sie Stadelmann keuchen hörte. «Schau, dass keiner kommt», befahl Max und öffnete die hintere Wagentüre, zog Stadelmann an den Beinen aus dem Citroën, hob ihn hoch und legte ihn auf das aus drei waagerechten Stahlrohren bestehende Brückengeländer. Die Silhouetten der Bäume und Büsche, die sich gegen das aufziehende Mondlicht abzeichneten, liessen die Szene auf der Brücke friedlich wirken.

Stadelmann kam Max schwer vor, der wiegt 80 Kilogramm, schätzte er, blickte nach rechts, nach links und schob den leblos wirkenden Körper über die Balustrade. Max sah nichts, aber er hörte, wie das Wasser nach einer Sekunde aufplätscherte. Der Leib klatschte in die Fluten.

Danach eilte er zum Auto und drückte aufs Gaspedal. Nach der Brücke machte die Strasse eine scharfe Rechtskurve, zog sich durch ein bewaldetes *Tobel* hoch auf das Birrfeld, das der Reussgletscher vor rund 12 000 Jahren als Ebene zurückgelassen hatte. Max und Ragnhild schwiegen. Als sie Hausen passierten, blickte er auf die Uhr. Es war 19.30 Uhr. Die Fahrt vom Gstühl bis ins Birrfeld hatte bloss 25 Minuten gedauert. 25 Minuten, die ein Leben beendet und das Leben zweier Menschen verändert hatten.

«Hat er noch gelebt, als ich ihn ins Wasser warf?», fragte Max, während er durch die verdreckte Scheibe die ersten Lichter von Brugg erkannte. «Er war sicher schon tot», sagte sie zuerst.

«Ganz sicher?» Ragnhild korrigierte sich. «Er röchelte, zumindest ein bisschen.»

Max war nicht klar, ob das, was er eben getan hatte, wirklich geschehen war. Seine Hände lagen auf dem Steuerrad. Er hörte den Motor rattern. Vor ihm zeichneten zwei Scheinwerfer einen Lichtkegel auf die Strasse, dem der Citroën zu folgen schien.

Seifenlauge

In der Nacht auf den 4. Dezember 1957 schlief Ragnhild Flater unruhiger als in den Nächten zuvor. Sie hörte das Gejohle der Betrunkenen, die weit über die Polizeistunde hinaus durch Badens Rathausgasse zogen. Sie hatte Hunger, das Essen im Bezirksgefängnis schmeckte ihr nicht. Schlechtes Gewissen plagte sie. Denn sie hatte einen Mord gestanden und doch nicht alles erzählt.

«Ich fühle mich, etwas mitzuteilen, weil ich sagen will, was ich weiss», sagte sie am nächsten Tag dem Badener Gerichtspräsidenten Karl Willi, der den Mord im Wasserschloss «peinlich untersuchte», dies der Gerichtsjargon für eine juristische Aufarbeitung. Sie erzählte ihm von einem Samstagabend Ende September in Luzern, als Max zu ihr gekommen war und von einem Brief gefaselt hatte, den er einer Frau geschrieben habe. Am selben Abend habe er die Frau angerufen, um zu erfahren, wie sie auf den Brief reagiere. «Max sagte mir, er habe der Frau geschrieben, sie müsse Geld bezahlen, ansonsten werde er sie bei der Polizei anzeigen.»

«Weswegen wollte er sie anzeigen?», fragte Richter Willi.

«Es ging um ein Kind. Aber ich habe das nicht richtig verstanden.»

«Hat Max diese Frau erpresst?»

«Er sagte, er habe der Frau geschrieben, wenn sie nicht zahle, werde er sie bei der Polizei anzeigen», antwortete Ragnhild. «Das muss doch Erpressung sein. Sonst weiss ich nichts Näheres, Max hat nicht mehr darüber gesprochen, und ich habe ihn nicht mehr danach gefragt.» Richter Willi schickte Ragnhild zurück in die Zelle. «Führt mir Märki vor», ordnete er an.

Ein paar Monate vor dem Verhör, drei Wochen vor Stadelmanns Tod, am 27. September 1957, hatte sich Max Märki in seiner Mansarde in Brugg an den Schreibtisch gesetzt. Vor ihm lagen zwei Blatt weisses Papier. Er nahm den Füllfederhalter und begann mit blauer Tinte zu schreiben. Seine Handschrift war gut lesbar.

Sehr geehrtes Fräulein
Bitte erschrecken Sie nicht. Was wir Ihnen schreiben, ist Tatsache und Sie tun gut, wenn Sie unseren Rat befolgen.
Wir sind gut orientiert und wissen um Ihre Vergangenheit von A bis Z. Sie haben sich einen Haufen Geld verdient, mit was, wissen Sie nur zu gut. Ein sehr gemeiner Fall ist folgender:
Sie haben einer gewissen Erika Baumann* ein Kind weggemacht, welches durch einen Reinhold Brenner* im Hotel Balances verbrannt wurde. Wir wissen, dass diese Person Baumann im 5. Mt. war. Etwas krass, nicht wahr. Das ist aber nicht das einzige Verbrechen. Wir könnten eine ganze Anzahl erwähnen.
Unser Schweigegeld, das wir fordern, liegt in der Höhe von Fr. 16'000.–. Etwas viel. Aber denken Sie, dass Sie nachher nochmals so viel haben.
Machen Sie keine Dummheiten und verraten Sie niemandem ein Wort, sonst ist es um Sie geschehen. Wenn Sie unseren Rat nicht befolgen, werden wir eine anonieme Anzeige erstatten. Sie waren schon mal in Untersuchungshaft und hatten alles bestritten. Ihnen blüht schon mindestens 2 $\frac{1}{2}$ Jahre Zuchthaus und der ganze Vermögensverlust.
Wir meinen es ernst. Verstanden. Wir raten Ihnen, morgen Vormittag sofort auf die Bank zu gehen und den Betrag von Fr. 16'000.– [abzuheben] – keinen Franken mehr oder weniger. Morgen Abend werden Sie Näheres von uns hören.

Handeln Sie rasch. Es ist für Sie gefährlich. Es gibt also nur das eine oder das andere. Überlegen Sie, was für Sie vorteilhaft ist.

Wir grüssen Sie
hochachtungsvoll

Er hatte die beiden Seiten vollgeschrieben, war aber noch nicht fertig. Max drehte das Blatt um 90 Grad und fügte am Rand einen Satz an – einen Befehl, gekoppelt an eine Drohung:

Vernichten Sie dieses Schreiben sofort, sonst könnte das ganze Sündenbuch durch andere Personen aufgedeckt werden.

Als die Tinte trocken war, legte er die Blätter übereinander, faltete sie zweimal und steckte sie in ein Couvert, das er von Hand adressierte. Fräulein Marianne Zemp*, Rest. Bethlehem, Eisengasse, Luzern. Damit kein Verdacht auf einen Brugger fiel, fuhr er im Citroën auf der Landstrasse über Baden nach Dietikon in den benachbarten Kanton Zürich. Um 19 Uhr stempelte der Dietiker Pöstler das Schreiben und verschickte es als Eilsendung nach Luzern. Am nächsten Morgen wurde es um sieben Uhr im Restaurant Bethlehem zugestellt.

Man wusste im katholischen Luzern von Marianne Zemp. Sie machte Frauen Kinder weg, die diese nicht haben konnten oder nicht haben wollten. Davon gab es einige. Frauen zählten die Tage zwischen den Tagen. Männer zogen vorzeitig zurück. Nach dem Verkehr spülten sich Frauen mit Coca-Cola aus. Zuverlässig schützte all das nicht. Wer schwanger wurde, musste heiraten. Wer verheiratet war, wurde wieder schwanger. Familien mit fünf oder zehn Kindern waren keine Seltenheit.

Frauen, die während ihrer Tage unter Schmerzen litten, erhielten in Amerika seit Anfang 1957 eine neuartige Pille: Enovid. Wer sie regelmässig schluckte, wurde nicht schwanger. Das war seit Jahren bekannt, doch erst im November 1957 berichteten die Zeitungen über diese Nebenwirkung. Am 18. August 1960 liess die US-Gesundheitsbehörde Enovid als hormonelles Verhütungsmittel zu. Ein Jahr später konnten sich Schweizerinnen die Pille verschreiben lassen. Selten taten dies Ärzte für ledige Frauen.

Gut aussehend war er, der Reinhold Brenner, erst 20 Jahre alt, Kellner aus Graz mit einnehmendem Dialekt. Er fiel auf in Luzern, als er im Frühjahr 1956 in der Stadt ankam und an der Pfistergasse ein Zimmer zur Untermiete nahm, in der Wohnung von Erika Baumann. Die Fabrikarbeiterin brauchte das Geld. Ihr Mann war bei einem Unfall gestorben. Allein konnte sie für ihre beiden Kinder nicht aufkommen. Sie wuchsen hinten in der Moosmattstrasse im Kinderheim Hubelmatt auf.

Reinhold brachte die Witwe wieder zum Lachen, nach Jahren, in denen sie kaum gelacht hatte. Dass er acht Jahre jünger war, störte sie nicht, obwohl die anderen Frauen tuschelten. Sie tat es als Neid ab. Als Brenner versprach, er werde sie heiraten, sah sie eine bessere Zukunft. Sie liebte ihn. Ihre Kinder könnten zu ihr zurückkommen. Dann wurde sie schwanger, und der charmante Österreicher zeigte sich von seiner niederträchtigen Seite. Von Heirat wollte er nichts mehr wissen. Erika sei alt, er könne sich nicht vorstellen, Vater von zwei Kindern zu sein, die ein anderer gezeugt habe. Nein, sagte er, das Kind in ihrem Bauch werde er nicht übernehmen. Sie konnte es nicht übernehmen, weil sie nicht einmal für sich und ihre beiden Kinder genug hatte. Das Wirtschaftswunder erreichte nicht alle.

Erika Baumann war in einer Notlage, seelisch und materiell, stellte später das Gericht fest. Sie suchte einen Ausweg und fand ihn in der Welt der Hinterzimmer. Vor Jahren hatte sie neben Marianne Zemp in der Nylon-Fabrik in Emmenbrücke gearbeitet. In der *Viscosi* wusste man von ihr.

Die Zemp hilft. Die Zemp macht Kinder weg. Die Zemp ist verschwiegen.

Es war ein trüber Novembertag im Jahr 1956, als Marianne Zemp in der Pfistergasse Erika Baumann in ihrer Not beistand. Zur jener Zeit begannen Schweizer Ärzte, Kinder erstmals gegen Polio zu impfen.

Die Schwester von Erika Baumann öffnete die Türe und liess die Engelmacherin herein. Sie hatte Kamille und einen Kübel voller Schmierseife dabei, dazu einen Gummischlauch und eine Schüssel aus Porzellan.

Erikas Schwester Karin* schaute nach rechts und links. Niemand sollte sehen, wie die Zemp das Haus betrat. Erika lag im Bett, 14 Wochen war sie schwanger. In der Küche kochte Zemp Kamille auf und mischte den Absud in der Schüssel mit Schmierseife. Sie legte das eine Ende des Schlauchs in das Seife-Kamille-Bad, zog mit dem Mund am anderen und führte es so weit in Erika Baumann ein, bis es ihre Gebärmutter berührte. Nun floss die Lauge in den Unterleib. Zweimal wiederholte sie den Einlauf. Es tat nicht weh, es fühlte sich aber seltsam und kalt an.

Erika zog sich an, zu dritt gingen sie zum Migros-Markt und tranken Kaffee. Schon auf dem Heimweg setzten bei der schwangeren Frau heftige Krämpfe ein. Wie ein starkes Wehenmittel wirkte die Seife, ein basisches Gift, das sich im Körper ausbreitete und den Fötus abstossen sollte.

Erika Baumann schleppte sich in die Wohnung, legte sich ins Bett und weinte. Sie hatte höllische Schmerzen. In den nächsten Stunden gebar sie einen zwölf Zentimeter langen Fötus. Sie verlor viel Blut. Ihr Körper war heiss, auf 40 Grad stieg das Fieber an. Ihre Schwester legte ihr Wickel auf die Stirn und bürstete das Blut weg, das vom Bett auf den Boden lief. Zuletzt setzte die Zemp den Fötus in eine Schuhschachtel. Gegen Mitternacht kam Brenner vom Nachtdienst nach Hause. «Lass sie verschwinden», fauchte ihn Karin an und drückte ihm die Schachtel in die Hand. «Und lass dich hier nie mehr blicken.» Der Österreicher ging zurück ins Hotel Balances am Weinmarkt, wo er kellnerte. Oben in den Zimmern schliefen die meisten Gäste bereits, unten im Restaurant Rotes Gatter glühte der Ofen noch genügend, um darin eine Schachtel zu verbrennen.

Tagelang lag Erika mit Fieber im Bett. Karin wich nicht von ihrer Seite. Einmal kam ihr Freund aus dem Aargau vorbei, der Gipser Kurt Märki. «Was ist mit Erika los?», fragte er. «Die Grippe», antwortete Karin. Erst Wochen später erzählte sie ihm, dass ihre Schwester ein Kind habe wegmachen lassen. «Wer hat es getan?», fragte Kurt. «Die Frau, die damals vorbeikam und Erika fragte, wie es ihr gehe.» Sie heisse Marianne Zemp.

Erika Baumann hatte Glück. 60 Frauen starben in der Schweiz in jener Zeit jedes Jahr, weil sie ohne Hilfe eines Arztes versuchten, ein Kind wegzumachen. Manche Frau überlebte den Einlauf mit Natrium- oder Kaliumsalzen nicht. Oft schäumte die Seife auf und bildete Bläschen. Bei einer zu derben Spülung gelangte die Luft in den Blutkreislauf, verstopfte und verletzte die Gefässe. Es kam zu Blutvergiftungen und Nierenversagen.

Über Geld sprachen die Frauen vor der Abtreibung nicht. Marianne Zemp handelte aus Mitleid, nicht wegen des Lohns. «*Do muesch du öppis ha*», sagte Erika Baumann, als sie wieder bei Kräften war, und gab Zemp 150 Franken. Ihr Bruder hatte ihr das Geld geliehen, unter einer Bedingung: «Diesen Kerl siehst du nie wieder.»

Kurt

Der Fötus habe einen ähnlichen Kopf gehabt wie der österreichische Kellner Reinhold Brenner, sagte Karin zu Kurt, zu ihrem Liebhaber, der sie seit zwei Jahren fast jedes Wochenende in Luzern besuchte.

Kurt arbeitete damals als Gipser in der Luzerner Altstadt und nächtigte im Hotel Linde, wo Karin die Betten machte und die Zimmer reinigte. Er war im Aargau verheiratet und hatte drei Kinder, das wusste Karin. Sie kannte Doris*, seine Frau, die ein paar Mal nach Luzern gereist war und ihr alle Schande gesagt hatte. Karin störte es nicht. Kurt gefiel ihr. Er war gut zu ihr, und er sagte, er werde nicht zu seiner Frau zurückkehren. Zum Geburtstag oder an Weihnachten machte er ihr kleine Geschenke. Ein Paar Ohrringe, ein Kleid, einen Fingerring.

Kurt war 23, als er Karin kennenlernte. Er hatte bisher mit sieben Frauen geschlafen, zwei davon waren Dirnen. Karin liebte er. Als sie ihn traf, war sie noch nie mit einem Mann intim gewesen. Sie wollte ein paar Monate warten, Kurt wartete mit ihr. Für ihn war sie die Liebe seines Lebens.

Mit vierzehneinhalb hatte Kurt die Schule verlassen. Eine Lehre durfte er anfänglich nicht machen, sein Vater konnte sich nur einen Sohn als Lehrling leisten. Kurt versuchte sich als Maler im Autospritzwerk Weibel in Umiken. Doch die Dämpfe nahmen ihm den Hunger. Er wechselte in die Stanzerei, wo er bei einem Unfall einen halben Finger verlor. Zwei Jahre werkte er auf Geheiss des Vaters als Handlanger. Jeden Rappen lieferte er daheim ab, danach durfte Kurt Gipser lernen. Er blühte auf, war fleissig, aufrichtig, ging sonntags in die Kirche, mied das Wirtshaus. Wären nur diese Morgen nicht gewesen, die nassen Unterhosen und nassen Leintücher, der beissende Geruch von Urin. «Lieber Heiland, hilf mir, dass ich gesund werde», betete er. Es half nichts. Kurt nässte das Bett.

Auf dem Bau nannten sie ihn den *Rucksäckli-Buur*, da er das Mittagessen im Rucksack mitnahm, im *Chässeli*, gefüllt mit *Hörnli*, *Ghacktem* und *Öpfelmus*. Für eine *Chnelle* war das Sackgeld zu knapp. Stattdessen machte er ein Feuer und wärmte sein Essen im *Chässeli*.
Er sparte für einen Tanzkurs, weil er dort bestimmt ein Mädchen kennenlernen würde. Doch Kurt war zu scheu zum Tanzen. Im Turnverein traf er Doris. Nach einigen Wochen nahm er ihre Hand und gestand ihr seine Liebe. Sie schliefen miteinander, was er als neu, aufregend und einzigartig empfand. Bis sie ihm sagte, sie sei schwanger. Viel zu früh musste Kurt heiraten. Er war 18, sie 19. Weder er noch sie hatten Geld. Anfänglich war der Vater gegen die Ehe, schliesslich gab er Kurt 400 Franken für die Hochzeit und *Bébésachen*.
Als ihre Tochter zur Welt kam, wohnten die jungen Eltern bei seinen Schwiegereltern. Kurt war glücklich, ihm gefiel die Ehe. Nach bestandener Gipserprüfung blieb der Geselle im Betrieb. Doris arbeitete in Baden bei der BBC. Sie sparten, und als er den Bescheid erhielt, er müsse nicht in die Rekrutenschule, freute sie sich darüber. Kurt konnte bei ihr sein und Geld verdienen, statt einen kargen Sold zu beziehen. Er kaufte einen Roller, damit er nicht mehr zu Fuss zur Arbeit gehen musste. Im Januar 1953 kam sein Sohn zur Welt.
Das Unheil begann mit den Vögeln. Sein Schwiegervater amtete als Präsident des ornithologischen Vereins des Kantons Aargau. Jeden Abend musste Kurt das Futter für dessen Vögel mischen und ihre Voliere ausmisten. Nach zehn Stunden auf dem Bau war ihm das zu viel. Doch er getraute sich

nicht, etwas zu sagen. Statt heimzugehen, setzte er sich ins Wirtshaus, trank und wartete, bis alle schliefen. Doris wurde eifersüchtig und glaubte, er gehe fremd. «*Du bisch en Vagant*», sagte ihm der Schwiegervater, ein Vagabund, ein Nichtsnutz. Nach Feierabend weisselte Kurt einer Bekannten die Küche. Ein Mädchen, das ein Jahr älter war als er, schaute ihm bei der Arbeit zu und kochte für ihn. Am letzten Abend, lange nach Mitternacht, schliefen die beiden miteinander. Kurt schämte sich, als er um vier Uhr nach Hause kam. Er erzählte niemandem von dieser Nacht, aber sie veränderte ihn. Er wusste, was er nun war: ein Ehebrecher.

Die Familie zog zu Kurts Vater ins Hölzli in Untersiggenthal. Doris gebar ein drittes Kind, Sibylle*. Das Paar hatte oft *Chritz*, Doris Beulen und blaue Augen. Sie hat mich zuerst geschlagen, redete sich Kurt ein und haute zurück. Für beide wurde die Ehe zur Hölle, aus der Kurt flüchtete. Er löste das Geschäft mit dem Bruder auf und brannte mit einer Österreicherin durch, einer Serviertochter, die er im Wirtshaus ansprach. Sie reisten nach Wien, wo Kurt sich öffentlich prügelte. Vier Monate sass er im *Häfn*, im Knast. Als er zurück in die Schweiz kam, waren die Möbel weg. Niemand hatte die Raten bezahlt. Die Gemeinde stufte ihn als armengenössig ein. Doris hatte die älteste Tochter mit zu ihren Eltern genommen und den kleinen Kurt bei seinen Eltern zurückgelassen. Baby Sibylle lebte bei einer Pflegefamilie in Nussbaumen, den Egloffs*.

Die Zeit im Wiener Knast bereute er nicht. «Ich bin gesund», erzählte Kurt daheim. Seine Laken waren morgens trocken, die österreichische Zelle hatte den Bettnässer geheilt. Nun versuchte er, die Ehe zu kitten. Bis Doris ihm gestand, mit Max geschlafen zu haben, während er in Wien in Haft gewesen war. Kurt trug den beiden nichts nach, da er Böses nicht mit Bösem vergalt. Das ziemt sich nicht, hatte er in der

Bibel gelesen. Die Liebe zu Doris aber erlosch. Nicht nur, weil sie ihn mit Max betrogen hatte, sondern weil sie Sibylle weggegeben hatte. Und weil sie ihn drängte, die Kleine zur Adoption freizugeben. Ohne sein Wissen hatten die Egloffs das Baby katholisch getauft, dabei war er reformiert.

Der Gemeindeammann übte Druck aus, die Adoption zu besiegeln. Schliesslich willigte Kurt ein. Sibylle blieb bei den Egloffs. Kurt zog zu seinen Eltern, Doris kam bei ihrer Familie unter. Sie nahm die Tochter mit, er behielt den Sohn. Kurt kam für die Kinder auf; abgesehen von den Spielsachen, die sie manchmal kaufte, zahlte er alles. Jeden Monat gab er Doris 60 Franken. Seinen Eltern liess er den gleichen Betrag jeweils auf dem Küchentisch liegen.

Muotatal

Wann immer Kurt konnte, besuchte er Karin in ihrer engen, aber gemütlichen Wohnung an der Pfisterstrasse in Luzern. Sie war eine gesellige Frau und ermutigte ihren Freund, doch einmal Max mitzunehmen, den grossen Bruder, von dem sie schon viel gehört hatte.

Max kam im November 1956 zum Abendessen. Karin kochte. Ihre Schwester Erika ass mit ihnen am Tisch. Marianne Zemp, die im selben Haus wohnte, brachte eine Flasche Wein mit. Sie trank sie fast allein und stritt – enthemmt durch den Alkohol – mit Max. Er sei *en blöde Siech*, ein Nichtsnutz, *en Plagööri*, sagte sie während des Essens.

«Die muss nicht so *en dummi Schnörre ha*», knurrte Max am nächsten Tag, als Kurt auf der Baustelle eintraf. «Warum ist die so?»

«Sie ist eine Hure», antwortete Kurt. «Sie verdient das Geld auf der Strasse.»

«Sie ist reich?»

«Hat 30 000 Franken!»

Max war verblüfft. «Auf der Strasse verdient man so viel?»

«Sie macht Kinder weg, und sie war deswegen schon in Untersuchungshaft.»

«Wie lange?»

«Soviel ich weiss, zweieinhalb Monate.»

Kurt erzählte, was Karin ihm erzählt hatte. Wie die Zemp bei Erika abgetrieben habe, sie im vierten Monat gewesen sei, der Schwängerer, ein Österreicher namens Brenner, den Fötus im Hotel Balances verbrannt, sie das wohl oft gemacht habe und damit richtig reich geworden sei.

«Geniess die Zemp doch einmal, Max», sagte Kurt.

«Was meinst du damit?»

«Du stürmst immer, wie man zu Geld kommen könne. Bei ihr könntest du rangehen.»

«Du meinst, sie erpressen?», fragte Max.

Kurt schwieg.

«Wie viel willst du?», fragte Max nach.

«Ich brauche 15 000 Franken.» Kurt wollte im Muotatal eine Wäscherei mit Quellwasser aufziehen, in der Hochebene, die den Kanton Schwyz mit dem Glarnerland verbindet. Ihm fehlte das Startkapital. «Frag sie um 20 000 Franken an», so Kurt. «5000 kannst du für dich behalten.»

«Wie soll ich das tun?»

«Geh zu ihr nach Hause, verlang das Geld, droh ihr, wenn sie nicht zahle, würdest du zur Polizei gehen und erzählen, was du über die Abtreibungen weisst.»

Das getraue er sich nicht, sagte Max. «Ich schreibe ihr einen Brief.»

«*Spinnsch!?*», entwich es Kurt. Ein Brief sei ein Beweismittel. «Wenn du sie triffst, kann dir nichts passieren, dann hat die Zemp keine Zeugen.»

Max schwieg. «*Mach kei Seich*», sagte Kurt.

Max hörte nicht auf den kleinen Bruder. Er verfasste den Erpresserbrief und schickte ihn express von Dietikon nach Luzern. Am nächsten Abend fuhr er zu Ragnhild nach Luzern und rief gegen 22 Uhr im Restaurant Bethlehem an. Der Wirt meldete sich.

«Dürfte ich mit Frau Zemp sprechen?» Max redete Hochdeutsch, so gut er das konnte.

«Einen Moment bitte», sagte der Wirt und legte den Hörer zur Seite. Max hörte, wie er durchs Restaurant schrie. «Hey, Marianne, ein Deutscher will dich sprechen.»

Sie griff sich den Hörer. «Zemp, wer spricht?»
«Sie haben heute einen Brief erhalten», sagte Max.
Marianne Zemp schwieg.
«Wann bringen Sie mir das Geld?»
«*Was chonnt Ihne eigentlich i Sinn? Mache Sie mich ned z'lache*», sagte sie, hängte den Hörer auf und brachte die bestellte Stange Bier an den Tisch eines Gastes.

Marianne Zemp erzählte Erika von der Erpressung, und Erika erzählte ihrer Schwester Karin davon. Karin stellte Kurt. «Hast du den Brief geschrieben? Hast du sie erpresst? Marianne ist sicher, du warst es.»

«Bist du wahnsinnig?» Mit geballter Faust schlug Kurt auf den Tisch. «Ich weiss nichts von einem Brief.»

«Ausser dir weiss niemand von der Abtreibung», sagte Karin.

«Max weiss es, ich habe ihm davon erzählt, vielleicht hat er den Brief geschrieben.»

An diesem Abend schlief Kurt auf dem Sofa. Karin verdächtigte ihn der Erpressung, sie wollte ihn nicht in ihrem Bett haben.

Noch bevor es hell wurde, stand Kurt im Überkleid auf dem Bau. Max kam eine Stunde nach ihm. «Du spinnst ja wirklich!», grüsste ihn Kurt. «Warum hast du der Zemp einen Brief geschrieben?» Er verputzte die Wand des Wohnzimmers und sagte seinem grossen Bruder alle Schande. «Du hast ihr ein Beweismittel in die Hände gespielt.» Max sagte nichts, er wollte sich nicht schon wieder streiten. Kurt aber hatte nur einen Gedanken: den Brief, den Max geschrieben hatte.

Am Vormittag ging er ins Restaurant Bethlehem, bestellte eine Flasche Cinzano, um sich Mut anzutrinken. Marianne Zemp bediente ihn. «Du hast den Brief geschrieben!», zischte sie ihn an. «Gib mir den Brief!», antwortete er. «Dann beweise ich dir, dass er nicht von mir ist.» Marianne hatte das Schreiben bei einem Freund hinterlegt. «Hol ihn! Sofort!», schnauzte Kurt und ballte die Hand zur Faust. Sie konnte nicht weg und schlug ein Treffen bei der Lukaskirche vor, dem modernen reformierten Gotteshaus neben dem Bahnhof. Halb zwei in der Früh. Kurt kehrte am Nachmittag ins Restaurant zurück und verlangte den Brief erneut. «Ich arbeite», wimmelte ihn die Zemp ab und vertröstete ihn auf das Treffen in der Nacht.

Vergebens wartete Kurt bei der Lukaskirche. Gegen drei Uhr ging er nach Hause. Um halb zehn stand er erneut im Bethlehem. Er werde zur Polizei gehen, falls sie ihm den Brief nicht aushändige, drohte Kurt. «*So gohsch halt*», sagte sie und schickte ihn weg. Die nächsten zwei Wochen schlief sie bei einer Freundin. Sie hatte Angst vor Kurt, der wusste, wo sie wohnte. Daheim im Aargau hatte Kurt einst einen zusammengeschlagen. Er rühmte sich damit, wenn er zu viel getrunken hatte.

Im «Vaterland» las sie ein paar Wochen später, wie Max Märki den Stadelmann ermordet hatte. Sie kannte Max von der Pfistergasse, von diesem gemeinsamen Abendessen, als sie sich über ihn lustig gemacht hatte. Acht Tage, nachdem sich Max gestellt hatte, stand Kurt erneut im Bethlehem. Es war Samstagmorgen, sie servierte und er hatte frei.

«Was willst du?», fragte Marianne Zemp.

Mit einer Gegenfrage antwortete Kurt Märki. «Weisst du es schon?»

«Dein Bruder ist der Mörder von Stadelmann.»

«Ich muss mit dir reden. Am Montag im Rialto. Dann erzähle ich dir alles.» Die Zemp war neugierig genug, um «alles» erfahren zu wollen. Über den Fall, über den die Schweiz sprach, und die Norwegerin, die wie sie in Luzern wohnte und in einem Restaurant arbeitete. «Wir sehen uns um sieben.»

Kurt stand bereits vor dem Rialto, als sie ankam. Da das Café voll war, gingen sie ins nahegelegene Pic. «Max hat mich beauftragt, für die Kinder zu sorgen», fing Kurt an.

«Wie willst du das machen, du hast doch kein Geld?», fragte sie.

Beide bestellten ein Bier.

«Eine Stelle erhalte ich als Bruder eines Mörders keine mehr.» Er mache ein eigenes Geschäft auf, eine Wäscherei, hinten im Muotatal.

«Hast du Geld?»

«Deshalb bin ich ja hier.» Kurt erklärte, er brauche 7000 Franken als Startkapital. «Du könntest mir helfen, ich mache dich zur Teilhaberin.»

«Ich habe kein Geld, und das wenige Geld, das ich habe, brauche ich für mein Kind.»

«Du bist steinreich, ich habe es gesehen, bei dir zu Hause!»

«Du hast meine Sachen durchwühlt?»

In ihrer alten Wohnung hatte sie in der Nachttischschublade Belege aufbewahrt, darunter eine Postüberweisung für 7000 Franken, die sie bei der Scheidung von ihrem Mann erhalten hatte. Kurt musste sie gesehen haben.

«Ich weiss alles über die Abtreibungen», sagte er. Sie schwieg. «Wenn du mir das Geld gibst, sage ich nichts, und wenn Max dem Richter etwas über dich erzählt, sage ich, alles sei gelogen.» Ansonsten könne er nichts garantieren. Sie zog den Mantel an und forderte Kurt auf, aufzustehen. «*Chomm mit*», sagte sie. «Wir gehen woanders hin – zur Polizei.» Sie eilte aus dem Restaurant.

Kurt blieb eine Weile sitzen, zahlte und ging zu Karin. «Wie war das Gespräch mit der Zemp?», fragte sie. «Gut.» Mehr sagte er nicht. Sie redeten über den Mord im Aargau.

«Weisst du», fing Kurt an, «vielleicht hat ja Max den Brief an die Zemp geschrieben.»

«Weil du *Tubel* ihm von der Abtreibung erzählt hast!», sagte Karin.

«Vielleicht wäre es ja nie zum Mord gekommen, wenn die Zemp dem Max etwas Geld gegeben hätte, vielleicht hätte er das Autoinserat nie aufgegeben.»

Karin ging nicht darauf ein und fragte: «Beteiligt sich die Zemp an deinem Geschäft?»

«Sie ist geizig, sie legt es lieber auf einen Haufen.»

Zwei Tage später erhielt Marianne Zemp einen eingeschriebenen Brief. Kurt hatte ihn auf einer Schreibmaschine getippt und in Brugg zur Post gebracht. Erneut bat er sie um 7000 Franken für die Wäscherei im Muotatal. «Bitte denke an seine Kinder, dass sie in der Zukunft gesichert sind.» Wie schon im Pic übte er Druck aus. Zahle sie, müsse sie «nie mehr scheussliche Sachen machen». Zemp reagierte nicht. Sie brachte den Brief demselben Freund, der den ersten Erpresserbrief aufbewahrte. Von Kurt hörte sie nie mehr etwas. Die Wäscherei im Muotatal blieb ein Luftschloss.

Max gestand Richter Willi den Erpressungsversuch. Noch am selben Tag verhaftete die Kantonspolizei Aargau seinen Bruder. Beamte in Luzern führten Marianne Zemp, Erika Baumann und Reinhold Brenner ab, und sie beschlagnahmten beide Erpresserbriefe.

Ein Jahr später verurteilte ein Gericht in Aarau Kurt zu 18 Monaten Zuchthaus. Das Kriminalgericht des Kantons Luzern sprach Zemp, Baumann und Brenner schuldig. Die Engelmacherin erhielt fünf Monate bedingt, da sie bei einer anderen Frau eine Abtreibung vorgenommen hatte. Baumann drei Monate bedingt. Sie hatte ihre Schwangerschaft abbrechen lassen.

Wegen Anstiftung zur Abtreibung bekam Brenner sechs Monate bedingt sowie fünf Jahre Landesverweis. Er legte Rekurs sein. Das Obergericht kassierte den Landesverweis. Der Österreicher durfte in der Schweiz bleiben.

Noch Jahrzehnte später dachte Kurt, sein Bruder habe ihn beim Richter wegen der Sache in Luzern verraten. Die Akten erzählen eine andere Geschichte: Es war Ragnhild, die nach einer schlaflosen Nacht im Badener Gefängnis begann, von der Erpressung zu sprechen.

Wasser

Um Viertel vor acht bog der Citroën Légère in Brugg in die Eggerstrasse ein. Das Licht der Scheinwerfer brach im Regen, der wie Bänder vom Himmel fiel. Max stoppte das Auto vor dem zweistöckigen Haus, das seinem Meister gehörte, dem Urech, einem reichen Bauunternehmer mit fleischigem Kopf und dickem Hals. Er parkierte auf dem betonierten Platz hinter dem ‹Depot›, machte den Motor und das Licht aus. Was sie Stadelmann abgenommen hatten – das Etui, die Stifte, das Generalabonnement, den Führerausweis, den linken Halbschuh und das Geld –, trug Ragnhild über die äussere Treppe hoch ins Zimmer von Max. Etwas fehlte: die Mappe, die der Vertreter als Erkennungszeichen mitgenommen hatte. War sie beim Kampf im Eichtal auf die Strasse gefallen? Was, wenn die Polizei sie finden würde? Hatte er darauf Fingerabdrücke hinterlassen?

Der Gedanke an die Mappe verflüchtigte sich, als Max und Ragnhild einander anschauten. Alles war blutverschmiert, die Gesichter und die Hemden, seine Hose und ihr Rock, Mantel und Kittel, ihre langen gewellten und seine kurzen krausen Haare. Ihr Schweiss hatte das Blut auf ihren Kleidern verklumpt. Überall klebten Hundehaare, Rex haarte mehr als sonst. Seine Fussel blieben am nassen Stoff hängen, auf den Polstern der Sitze, an den Fensterglasern, sogar am Steuerrad. Auf der hinteren Bank fand Max ein Stück Hirn, so gross wie das vorderste Glied eines Fingers. Ragnhilds Hieb, war er sich sicher. Meine Geliebte hat einem Mann den Kopf eingeschlagen.

Er feuerte den Gussofen ein, füllte die Ravioli-Pfanne mit Wasser und stellte sie auf das elektrische Rechaud, das in der Kochnische stand. Das blutige Hemd warf er ins Feuer, Kittel und Hose wickelte er in Packpapier und legte das Paket in den Kastenboden. Ragnhild sah das Blut an der zerrissenen Spitzenbluse und am Kragen des Mantels und erinnerte sich daran, wie Stadelmann sie an den Hals gegriffen hatte. Bis auf die Unterwäsche zog sie sich aus und begann, Bluse, Mantel und Rock zu reinigen. «Blutflecken gehen am besten mit kaltem Wasser raus», sagte sie zu Max, der das noch nie gehört hatte. «Eine Frau weiss, wie man Blut reinigt.» Er drehte das Rechaud aus, streifte sich frische Kleider über und reichte Ragnhild den Trainingsanzug, den er früher im Boxkeller angehabt hatte.

Sein Verstand schlug Kapriolen. Unglaublich, ich habe einen Menschen getötet. Ich, der nie einen Menschen verletzt habe, habe gemordet. Niemand hatte ihn daran gehindert. Im Spiegel sah er Augen, die stumpfer starrten als sonst, die vorher selten geleuchtet hatten und jetzt matt aussahen.

Max hatte geschickte Hände. Früher hatte er damit Vasen aus Ton modelliert, bis der Lärm der Töpferscheibe den Hausmeister gestört hatte und er aufhören musste. «Ich wünschte, ich könnte neue Hände haben und nicht solche, die getötet haben», sagte er zu Ragnhild, während er sich in der Küche das menschliche Blut mit der Rechten von der Linken wusch.

Er nahm die Noten – drei Tausender, eine Fünfhunderter, sechs Hunderter – aus der blutverschmierten Brieftasche, zählte sie und legte das Geld zum Trocknen unter das Zeitungspapier, das den Boden des Küchenkastens belegte. Den Hund band er an einen Fuss des Bettes. Die Leine war ziemlich lang, und dem Tier blieb ein grösserer Radius, als Max lieb war. Rex legte sich auf die Matratze des unbenutzten Bettes und verschmierte das Leintuch mit Stadelmanns Blut. Zeitungen würden später schreiben, Max habe den Hund in der Badewanne auf dem Flur gewaschen. Es war eine der vielen

Nachrichten, die bildhaft waren und plausibel klangen, die man sich in Baden, Brugg und Aarau erzählte, die aber nicht stimmten. Es gab an der Eggerstrasse keine Badewanne. Max wusch den Hund nicht. Er hielt das nicht für nötig, da in dessen dunklem Fell das Blut kaum zu erkennen war.

Max tat nichts, was er als unnötig empfand.

Das Paar ging hinunter zum Parkplatz, um das Auto zu reinigen. Er entfernte die Sitzpolster und scheuerte die segeltuchartigen Überzüge in der Kochnische. Sie zwängte sich ins Innere des Citroëns und schrubbte mit der Bürste das Blut weg, das über die Sitze auf den Boden geronnen war.

Sie putzten bis nach 23 Uhr. Noch immer regnete es in Strömen. Oben im Zimmer zog Ragnhild den verschmierten Trainer aus und legte ihn in eine Kleiderschachtel, dazu die Lappen, mit denen sie das Auto gewaschen hatten, die wertlosen Gegenstände, die Stadelmann bei sich gehabt hatte, die verschmierten Handschuhe und den Halbschuh. Max legte eiserne Russtüren dazu, schloss die Schachtel mit einem Deckel, verschnürte sie und bohrte auf allen Seiten Löcher.

Unter ihren Schuhen knarrte und wackelte der Fussgängersteg der Eisenbahnbrücke zwischen Brugg und Umiken. Mitten auf der Brücke, beim Loreley-Felsen, warfen sie die Schachtel in die Aare. Kurz schwamm sie obenauf, füllte sich mit Flusswasser und sank zehn Meter tief auf den Grund. Ragnhild war ausgelaugt und erschöpft. Sie hatte kalt. Unter dem Mantel trug sie nichts als ihre Unterwäsche. Ihr Rock und die Bluse waren noch nass, andere Kleider hatte sie nicht.

Von der Brücke erreichten sie in fünf Minuten das Restaurant Habsburg. Sie bestellte Tee, er Kaffee. Appetit hatten sie keinen. Max wählte das Habsburg, da dort Italiener verkehrten und diese ihn nicht kannten. Er wollte nicht auffallen, nicht gesehen werden mit einer jungen, fremden Frau in

Brugg, zur Polizeistunde, in jener Nacht, in der ein angesehener Mann aus Rohr verschwunden war.

Einschlafen konnten sie erst zwischen zwei und drei Uhr morgens. Bilder der vergangenen Stunden quälten sie, Stresshormone hatten sich im ganzen Körper ausgebreitet. Ragnhild zuckte bei jedem Laut auf, da sie fürchtete, die Polizei würde kommen und sie abführen.

Am nächsten Morgen stand Max um sieben Uhr auf, zog den Sonntagsanzug an und ging zu Fuss mit dem Hund auf den Bözberg. Bevor er aufbrach, warf er einen Blick auf den Citroën und erkannte Blutspuren, die sie in der Nacht zuvor übersehen hatten. Er weckte Ragnhild und hiess sie, das Auto nochmals zu waschen. Nicht bemerkt hatten sie Blut auf dem Boden und am inneren Wagendach. Einige Spritzer klebten an den Fenstern, das Steuerrad war noch verschmiert.

«Wohin gehst du?», fragte ihn Ragnhild.

«Zu meinen Eltern», sagte er. «In zwei Stunden bin ich wieder hier.»

Es stimmte nicht. Max ging zu Frau und Kindern. Sein Sohn wurde heute getauft.

Von weitem sah er die weisse Wäsche, die Trudi auf dem obersten der beiden Balkone des *Schlössli* aufgespannt hatte. Es hatte aufgehört zu regnen.

Trudi war froh, ohne Max zu leben. Nacht für Nacht hatte er Verkehr verlangt, obwohl er fremdging. Witterte sie den Geruch einer anderen Frau an ihm, ekelte es sie. «Du hast eine *gvöglet*», zischte sie ihn an. Max schwieg, liess die Hosen runter und drückte sich an Trudi. Sie liess es über sich ergehen. Als verheiratete Frau musste sie das erdulden; die Gesetze sahen es so vor. «Bei dir ist es am schönsten», sagte Max, während Trudi zur Decke starrte.

Max hatte es gutgetan, auf den Bözberg zu wandern. Kurz nach acht traf er ein. Die Kinder schliefen noch, seine Frau hatte angefangen, das Mittagessen für die Gäste vorzubereiten. Sie würde einen Braten auftischen und danach einen Kuchen. Der Besitzer der Fabrik, in der sie arbeitete, hatte ihr 100 Franken für Fleisch und Zucker gegeben. Max band den Hund draussen fest und betrat das Haus. «Warum lässt du ihn nicht rein?», fragte Trudi. «Damit das Haus nicht schmutzig wird, er war im Fluss baden.»

Trudi bedankte sich für das Geld, das er auf den Tisch legte. Eine der geraubten Hunderternoten, dazu 25 Franken. Sie nahm an, Urech habe ihm Lohn gegeben, wie es Max am Tag zuvor gesagt hatte, als er das Tafelsilber der Eltern vorbeigebracht hatte. «Möchtest du nicht bleiben?», fragte sie.

Ein Jahr nach der Geburt und viel später als vorgesehen wurde ihr jüngstes Kind getauft. Über Monate konnten sich Max und Trudi nicht auf einen *Götti* einigen. Er schlug eine Tante und deren Mann vor, auf den Trudi nicht gut zu sprechen war. Sie nahm eine andere Tante von Max. Deren Mann mochte Max nicht. «Ich habe zu tun», lehnte Max ab, band den Hund los, verabschiedete sich wortlos und marschierte abwärts Richtung Brugg.

Als er in die Eggerstrasse einbog, sah er seinen Chef im Sonntagsanzug und Hut beim Citroën stehen, den Ragnhild gerade wusch. «Sali Max, ich habe den Lärm gehört, da wollte ich sehen, ob du da bist», sagte Urech. Märki versuchte, ruhig zu bleiben. «Der Hund hat das Auto verschmiert, deshalb putzt es Ragnhild», erklärte der Gesell dem Meister.

Ragnhild trug den Rock, den sie während der Tat angehabt hatte. Auf dem Stoff erkannte Max Blutspuren. «Schönen Sonntag, Meister», sagte er und schickte Ragnhild aufs Zimmer. Er selber ging zum Bahnhof und fuhr mit dem Zug nach Turgi, um Rex den Eltern zu bringen.

Ob sie ihm einen Damenrock leihen würde, fragte er seine Halbschwester Irene*. «Ich war am Samstagabend mit einer Frau aus, der Hund hat ihren Rock verschmiert.» Irene lachte. Max war wohl auf Pirsch gewesen; von Ragnhild wusste sie nichts. Sie reichte ihm einen ihrer Röcke.

Gegen Mittag war Max zurück. Ragnhild zog den Rock an. Mit der Bahn fuhren sie nach Schinznach Bad, assen in einem Restaurant, spazierten im Garten des Schlosses Wildegg, das über dem Dorf thront. Im Kino Rex lief ein Revolver-Streifen. Sie setzten sich in die hinterste Reihe, gingen aber vor Filmende. Max war zu aufgekratzt für einen Western. Ragnhild schlief während des Films ein, erschöpft von der Bluttat und der schlaflosen Nacht.

«Wir sollten zur Polizei gehen», sagte Max, als der Zug in Wildegg abfuhr. Erstmals dachte er daran, sich zu stellen.

«Was sagen wir? Gestehen wir alles?», fragte Ragnhild.

«Es ist das Beste, sonst kommen wir nicht zur Ruhe.»

Wortlos stiegen sie in Brugg aus. Max hatte es pressant. Um halb acht wollte er die Nachrichten hören. Radio Beromünster würde bestimmt eine Vermisstenmeldung senden. Da er keinen Empfänger besass, gingen sie ins Restaurant Eisenbahn, er zuerst, sie eine halbe Minute später. Um nicht als Paar aufzufallen, setzten sie sich an verschiedene Tische. Neun Minuten dauerte das Nachrichten-Bulletin, das Sprecher Alfred Neiger mit sonorer Stimme verlas. Von der Verurteilung eines ägyptischen Obersten war die Rede, der gegen Präsident Nasser geputscht hatte. Der ostdeutsche Parteisekretär Walter Ulbricht beabsichtige, den Energie- und Kohlesektor der DDR auszubauen. Dazu Berichte über den Alpenclub, den Ausbau der Grepper-Strasse in Schwyz und eine Tagung des Verbandes für Waldwirtschaft. Wie wird das Wetter? In der Nacht bestehe Frostgefahr. Nichts sagte der

Sprecher über den Mann, der in der Reuss sein Leben verloren hatte, was Max beruhigte.

Zu Hause verbrannte Ragnhild ihre Bluse. Sie konnte den Blutfleck am Kragen nicht entfernen. «Die wissen nichts von uns», sagte Max, während Ragnhild sich auszog. «Wir gestehen nichts, die finden uns nie.»

«Warum bist du so sicher?», fragte sie.

Max überraschte die Frage. «Warum soll ich nicht sicher sein? Verrätst du mich, um deine Haut zu retten?»

«Nie würde ich das tun, Max, nie, das weisst du.» Sie fing an zu weinen.

«Wir gehen nicht zur Polizei, wir gehen nach Amerika, uns passiert nichts.»

Sie lagen auf dem Bett. «Max», durchbrach Ragnhild die Stille, «eigentlich wollte ich abbrechen.» Auf dem Weg zum Bahnhof hatte sie überlegt, Stadelmann nicht anzusprechen und Max zu sagen, er sei nicht gekommen. Zuletzt hatte sie getan, was er verlangt hatte. Weil sie Max liebte und eine tiefe Verbundenheit empfand, wie sie sie noch nie verspürt hatte. Die Liebe war eher seelisch als körperlich. Es wäre ihr recht gewesen, er wäre seltener zu ihr gekommen. Lustvoll war es für sie nicht, wenn sie zusammen schliefen. Ihr war es wichtiger, mit ihm reden zu können, als sich mit ihm zu vereinen. «Ich hatte mir überlegt, Stadelmann nicht anzusprechen», sagte sie.

«Vermutlich wäre ich wütend geworden», sagte Max.

«Du warst dir ganz sicher, es zu tun?», fragte sie zurück.

«Als ich euch sah, erschrak ich über Stadelmanns stattliche Statur, da dachte ich, es wäre vielleicht besser, du hättest ihn nicht zum Auto gebracht.»

Von den 4100 Franken gab er Ragnhild zwei Tausendernoten und einen Hunderter, den Rest behielt er für sich. Die Kleider, die seine Freundin bei der Tat getragen hatte, würde sie nie mehr anziehen, das hatte sie ihm bereits im Auto gesagt. Deshalb erhielt sie 100 Franken mehr als er.

    Beide schliefen auch in dieser Nacht kaum. Am Montagmorgen ging Max wie immer zur Arbeit. Ragnhild verbrachte den Tag im Zimmer. Sie fürchtete, auf der Strasse erkannt zu werden. Am Dienstag um sechs Uhr in der Früh fuhr Max sie nach Luzern, da Ragnhild um neun im ABC anfangen musste. Ihre Beute, die 2100 Franken, versteckte sie in einem Koffer, den sie unter ihr Bett schob.

Vermisst

Gegen Mittag kam Max auf dem Bau an. Ob er davon gehört habe, fragte ihn ein Maurer. «Von was?», gab der Gipser zurück. Ein Vertreter aus Rohr werde seit Samstagabend vermisst. «Raubmord, sagt die Polizei.» Max zuckte zusammen. «Im Radio lief eine Vermisstenmeldung.»
«Kennt man den Mörder?», fragte Max.
«Nein, der Tote, dieser *arme Chaib*, heisst Stadelmann.»
Das ‹Badener Tagblatt› berichtete am Dienstag, den 22. Oktober 1957, auf der Front über die «Wahre Koexistenz» zwischen Amerika und Grossbritannien, illustriert mit einem Foto, das Königin Elizabeth II beim Treffen mit Präsident Dwight Eisenhower in Washington zeigte. «Die herzliche Freude im Ausdruck der beiden höchsten Würdenträger ist schlicht von echten Gefühlen getragen und stellt kein blosses diplomatisches Lächeln dar», stand in der Bildlegende. Darunter druckte die Zeitung ein Foto, das «sowjetische Panzer bei ihrer vom Kreml befohlenen blutigen Arbeit» in den Strassen der ungarischen Hauptstadt Budapest zeigte. «Entlarvte Koexistenz», lautete die Schlagzeile.
Hinten im Lokalteil folgte die Mitteilung der Kantonspolizei Aargau, die am Montag dem Landessender und allen Schweizer Zeitungen zugestellt worden war:

Am 15. Oktober 1957 hat auf dem Büro der Orell-Füssli Annoncen in Aarau ein Unbekannter, ca. 30 Jahre alt, ca. 175 cm gross, schlank, hellbraune ungepflegte Haare, Aargauer-Dialekt, vorgesprochen und ein Inserat folgenden Inhalts, den er in Blockschrift auf einen Zettel geschrieben hatte, aufgegeben:

Infolge Auswanderung sofort zu verkaufen: Opel-Rekord 1957, neuwertig, Preis Fr. 4000.–. Nur gegen bar. Eilofferten an Chiffre.
Der Unbekannte, der sich fälschlicherweise als H. Keller, Badstrasse 28, Zurzach ausgegeben hatte, wünschte die eingehenden Offerten persönlich abzugeben.
Auf das im Aargauer Tagblatt vom 16. Oktober 1957 erschienene Inserat lagen am Donnerstag, den 17. Oktober 1957 zwei Offerten vor, darunter eine von Stadelmann, Peter aus Rohr.
Die Offerten wurden im Verlaufe des Donnerstages vom unbekannten Inseratenaufgeber abgeholt. Am gleichen Abend erhielt Stadelmann einen Telefonanruf von dem angeblichen Keller, worauf sie ein rendez-vous auf Samstagabend 19.00 Uhr beim Hauptbahnhof in Baden vereinbarten.
Am Samstag, den 19. Oktober 1957, um 18.26 Uhr ist Stadelmann mit dem Schnellzug von Aarau nach Baden gefahren und hat eine Geldsumme von ca. Fr. 4500.–, darunter drei neue Noten à Fr. 1000.– und eine neue Note à Fr. 500.–, mitgenommen. Er äusserte die Absicht, am gleichen Abend um 21.00 Uhr wieder nach Rohr zurückzukehren.
Stadelmann wurde um 19.05 Uhr mit einer unbekannten jungen Dame, ca. 20 Jahre alt, ca. 165 cm gross, mittelbraune, auf die Schultern fallende, gewellte Haare, grauem Mantel und gelbem Jäckli, auf dem Weg gegen den Gstühlplatz in Baden gesehen. Ca. 19.20 Uhr soll diese Dame in einem hellblauen DKW-Auto, das vom Gstühlplatz gegen die Bruggerstrasse stadteinwärts fuhr, wieder gesichtet worden sein. Das Auto wurde von einem Mann gesteuert. Ob es sich dabei um Stadelmann gehandelt hat, ist ungewiss.
Seither fehlt von Stadelmann jede Spur. Beim vermissten Stadelmann handelt es sich um:

Stadelmann, Peter, geb. 28.2.1927 in Escholzmatt, Vertreter, wohnhaft in Rohr, bei Aarau, ledig.
Signalement: 182 cm gross, schlank, kräftig, dunkelblonde Haare, Bürstenschnitt, Ostschweizerdialekt, trug: blau-grünen, diagonal gestreiften zweireihigen Anzug, weisses Hemd, Krawatte mit feinen waagerechten Streifen, gelbe gestrickte ärmellose Weste, schwarze Halbschuhe mit Gummisohlen.
Stadelmann gilt als seriöser junger Mann. Nachdem er nun seit mehr als 48 Stunden nichts mehr von sich hören liess, muss angenommen werden, dass er einem Verbrechen zum Opfer gefallen ist.

Drei Fehler fielen Max auf. Nicht zwei, sondern 20 Offerten waren bei ihm eingegangen. Stadelmann hatte 4100 und nicht 4500 Franken bei sich getragen. Was ihn beruhigte: Die Polizei verdächtigte den Fahrer eines hellblauen DKW. Er hatte den Vertreter im schwarzen Citroën beraubt.

Nun galt es, Spuren zu verwischen. Am Abend stieg er erneut den Bözberg hoch, unter dem Arm den Rock und die Hose. Hinter Trudis Giebeldachhaus schob er das Brett zur Seite, das über dem Güllenloch lag. Es stank bestialisch und war stockdunkel. Mit einer Hand hielt er sich die Nase zu und warf mit der anderen die blutverschmierten Kleider in die Jauche.

Guisan

Unten im *Wäldli*, bei der Schiffsmühle an der Limmat in Nussbaumen, liess die Mutter ihre Buben stehen. Zuvor hatte sie ihnen Pullover und lange Hosen angezogen. Der kleine Kurt war zwei Jahre alt, der nicht viel grössere Max ein Jahr älter. Sie kam nicht zurück, liess sich vom Vater scheiden, um wieder heiraten zu können.

«Mutter hat gerne gebumst», sagt Kurt 84 Jahre später. «Alle nannten sie nur *s'Matratze Lisi*.» Sie hiess Elise.

Um die Buben konnte sich der Vater nicht alleine kümmern. Er arbeitete auf dem Bau, stand vor dem Morgen auf und kam erst spätabends nach Hause. Genug verdiente er nicht, deshalb brachte er Max und Kurt nach Brugg ins *Kinderspitäli*, ins Heim, in dem Kinder aus finanziell und sozial schwierigen Verhältnissen versorgt wurden.

Als der Vater ein zweites Mal heiratete, nahm er Max und Kurt zu sich nach Untersiggenthal. Später zog die reformierte Familie nach Kirchdorf, ins benachbarte katholische Bauerndorf am Hang. Seit tausend Jahren thront im Dorfkern eine katholische Kirche. Gleich daneben werden im Hirschen seit Jahrhunderten hungrige und durstige Gäste bewirtet.

Frida Maier* war vor dem Krieg aus Deutschland in die Schweiz gezogen. Nach seiner Scheidung stellte Max Märki senior sie als Haushälterin ein. Sie wurde von ihm schwanger, kirchlich korrekt heiratete er sie. Kurz darauf schwollen seine Knie an, die Wirbelsäule schmerzte. Knochentuberkulose, stellte der Arzt fest und verordnete Bettruhe. Arbeiten konnte er zwei Jahre lang nicht mehr. Geld verdiente er keines. Die Märkis wurden armengenössig und gesellschaftlich ausgegrenzt. Die IV, die Invalidenversicherung, wurde erst 1960 eingeführt. Aufkommen für die Familie musste in diesen Jahren seine Heimatgemeinde Mönthal, 13 Kilometer von Kirchdorf entfernt.

Ennet der Grenze herrschte Hitler, der zuerst Europa und dann die Welt in den Krieg trieb. Die Schweiz blieb verschont. Mancher Geschäftsmann legte im Schrank eine Hakenkreuzfahne bereit. Hissen wollten sie die Flaggen, sobald die Nazis im Aargau einmarschierten. In der Stadt Baden erzählte man sich von verwegenen Schweizern, die eine Liste mit den Nazi-Sympathisanten führten und in einem Schopf in Ehrendingen Gewehre und Patronen lagerten. Sollten die Deutschen kommen, würden sie die Fröntler auf der Liste sofort erschiessen.

Märkis Buben brachten das Geld nach Hause. Sie verkauften Wollsocken, die sie abends strickten. Nach der zweiten Mobilmachung am 10. Mai 1940 zogen sie durch die Strassen – Max neun, Kurt acht – und boten schwarzweisse Postkarten feil, die Henri Guisan hoch zu Ross zeigten. «*Grüezi, chaufed Sie en General!*», riefen die Buben den Passanten zu. General Guisan, der das Reduit in den Alpen ausgebaut hatte und bei einem Angriff das Mittelland preisgegeben hätte, war im Gegensatz zu General Ulrich Wille im Ersten Weltkrieg enorm populär gewesen. Guisans Bild zierte Wohnzimmer und Gaststuben, in welschen Kantonen bis in die 1990er-Jahre hinein.

Jeweils im Herbst sammelten Max und Kurt im Wald Brennholz für den Winter. Sie fütterten die Ziegen, die der Vater wegen der Milch und des *Gitzi* hielt. Da die Stiefmutter Heimarbeit leistete und für anderes kaum Zeit hatte, putzten sie bis auf das Elternschlafzimmer das ganze Haus.

Die Knaben waren Guerillakrieger der Anbauschlacht. Als der Weltkrieg andauerte und alles stärker rationiert wurde, sammelten sie Ähren. Um vier Uhr in der Früh gingen sie auf die Felder und brachten noch vor der Schule den Gegenwert von zwei bis drei Kilogramm Brot zusammen. Sie nahmen Kartoffeln auf, die andere auf den Feldern liegen gelassen hatten. Für Hausaufgaben waren sie oft zu müde. Zwar blieben sie in der Schule nie sitzen, aber gute Noten brachten sie nicht nach Hause. Ruhten ihre Kameraden sich in den Ferien aus, verdingten sich Max und Kurt als Tagelöhner bei Bauern.

Wie ein Schulhaus auf einer Kinderzeichnung sieht die 1868 erbaute Schule von Kirchdorf aus. Drei Stockwerke, ein schräges Dach mit Luken, Fensterläden, in Parterre und erstem Stock je ein Klassenzimmer, zuoberst der Nähsaal für die Mädchen. Ein putziger Bau, den Max und Kurt hassten. Die anderen Kinder und die Lehrer plagten sie, die einzigen Protestanten im katholischen Ort. Und sie rochen streng, nein: Sie stanken. Nacht für Nacht nässten die Buben ihre Betten. Zur Strafe schickte sie die Stiefmutter im nassen Hemd aus dem Haus. Im Dorf wurde über sie getratscht. «*Du stinksch wieder wie zum Gülleloch us*», hänselten die Kinder sie und lachten über die gelben Striemen. Niemand wollte ihnen zu nahe kommen. Im Klassenzimmer sassen Kurt und Max alleine am Pult. Abends hatten die Buben Angst, die Betten erneut zu nässen. Und morgens, wenn sie auf feuchten Laken erwachten, hatten sie Angst vor Schlägen.

«Ich habe bestimmt tausend Tränen für dieses Übel vergossen», schrieb Kurt nach der Verhaftung. «Ich habe mir grosse Schmerzen verursacht, indem ich heimlich als Mittel zur Genesung den Penis abgebunden habe.» Es half nichts und verursachte noch mehr Schmerzen.

Der Vater war streng, aber er schlug seine Söhne nicht. Anders die Stiefmutter. Frida bevorzugte die eigenen Kinder, ihre vier Mädchen. Oft haute sie Kurt und Max windelweich.

Kurt zählte die Tage, an denen es keine Prügel gab, und kam pro Jahr auf höchstens zehn. Wer von den beiden zuerst daheim ankam, schilderte Fridas Laune, damit der andere sich auf die Schläge einstellen konnte. «So kam es, dass wir ständig Angst hatten», beschrieb Kurt dem Untersuchungsrichter die Jugendzeit. Angst vor Lederriemen. Angst, ausgelacht zu werden. Angst, ins Bett zu machen. «Ich kann Ihnen versichern, dass ich diese Schuljugend nicht gerne niederschreibe. Denn diese Erinnerungen schmerzen mich noch heute sehr.» Seine Eltern hätten bestimmt Gutes getan. «Aber vor der Wahrheit weiche ich nicht einen Meter zurück.»

Waren Kurt oder Max hungrig, stibitzte einer der beiden etwas aus dem Küchenschrank. Die Stiefmutter verhaute beide und fragte nie, wer es gewesen sei. Bequem, aber sadistisch, dachte Max.

Als die Buben grösser wurden, wehrten sie sich. Oft stellte sich der Vater auf ihre Seite und stritt mit Frida. Sie drohte mehrmals, sich das Leben zu nehmen, ohne es jemals zu versuchen. Mit 17, Mahatma Gandhi sorgte als Pazifist für Furore im britisch besetzten Indien, empfand Max erstmals so etwas wie Liebe. Jede freie Minute verbrachte er mit dem Welpen, den er auf der Strasse gefunden und zu sich genommen hatte. Seine Stiefmutter konnte den kleinen Hund, einen Appenzeller, nicht ausstehen, schlug ihn und verlangte von Max, das Tier wegzugeben.

Max erschoss den Hund mit einem Flobertgewehr.

Ohne ein Wort zu sagen, zog er zu seinem *Götti* nach Birmenstorf, danach ins Welschland. Nach einem Jahr, Indien war unabhängig geworden, kam er zurück, frecher, stärker – und trocken. Schlug ihn die Stiefmutter, schlug er zurück. Einmal griff sie ihn mit dem Teppichklopfer an. Er nahm ihr das Gerät ab und haute zurück. Danach rührte sie ihn nicht mehr an. Max rächte sich für die Jahre, in denen Frida seine

Halbschwestern bevorzugt hatte. Für die Ohrfeigen, die er abbekommen hatte. Hatte er sich zuvor wie ein Verdingbub gefühlt, sah er sich jetzt als Mann.

Wäre nur das mit den Hoden nicht gewesen. «Die Hoden von Max sind zu klein», sagte die Stiefmutter zum Vater, als Max acht war und im Nebenzimmer dem Gespräch der Erwachsenen zuhörte. Fortan verspürte er eine innere Unruhe, eine Angst, unten nicht richtig ausgestattet zu sein. Um sie zu lindern, wollte er unbedingt eine Frau heiraten, die noch nie mit einem anderen Mann geschlafen, noch nie normale Hoden gesehen hatte. Deshalb heiratete er Trudi.

Liebe fand Max woanders, einmal im Leben, bei Ragnhild. Als er 1996 starb, hatte er sie 38 Jahre lang nicht gesehen und doch jeden Tag an sie gedacht.

Autowaschen

Fast jeden Sonntag ging Hans Urech fischen, meist mit Marcel*. Als er kurz nach acht Uhr sein Auto aus der Garage holte, hörte der Meister hinter dem Haus rieselndes Wasser. Bestimmt Märki, dachte Urech, sein Geselle.

Hinter dem Lagerhaus sah er dessen schwarzen Citroën. Gebückt stand eine Frau im Innenraum und wusch mit einem Lappen den Boden der Limousine. Sie trat aus dem Wagen, erschrak, als Urech sie erkannte, und grüsste ihn. «Entschuldigen Sie, ich bin nicht in bester Toilette und nass vom Autowaschen.» Urech senkte den Kopf und griff sich mit der rechten Hand an die Krempe des Huts. «Guten Tag.» Gesehen hatte er die norwegische Geliebte von Märki noch nie, aber im Geschäft redeten sie von ihr. Ihr offenes Haar fiel auf ihre Schultern. Ihr Gesicht erinnerte ihn an eine Eichel, sagte er später der Polizei. Ein jüngeres Fräulein, schön und schlank.

Noch bevor er und Marcel davonfuhren, sah Urech, wie Max zu Fuss von der Altenburgstrasse her in die Eggerstrasse einbog und auf das Magazin zuging. An seiner Seite lief ein grosser Schäferhund. Die nassen Haare des Tieres fielen ihm auf. Geregnet hatte es um diese Zeit nicht mehr, jedoch die ganze Nacht. Urech redete ein paar Worte mit Max und verabschiedete sich.

Als sich die beiden am nächsten Tag auf der Baustelle begegneten, zog Urech den Gesellen auf: «Du hast aber eine tolle Autowäscherin», sagte er zu Märki.

Drei Tage später las Urech in der Zeitung, ein Vertreter sei auf mysteriöse Weise verschwunden. Zeugen wollten einen blauen DKW mit deutschen Nummernschildern erkannt haben. Der Vermisste sei mit einer Frau mit langen, blonden Haaren gesehen worden. Die Aargauer Kantonspolizei rief auf, verdächtiges Wagenwaschen zu melden. Einen Moment lang dachte der Meister an den Sonntag, als er gesehen hatte, wie Märkis Geliebte das Auto wusch. An den nassen Hund, den wortkargen Max. All das kam ihm verdächtig vor. Märki aber fuhr einen Citroën, keinen DKW, er hatte Aargauer und nicht deutsche Nummernschilder. Das junge Fräulein, das den Wagen reinigte, hatte, soweit er sich erinnern konnte, braunes und nicht blondes Haar. Zwar steckte Märki wegen Schulden in der Klemme; Urech kannte die Lohnpfändungen. Aber töten würde der niemanden.

Los liess ihn die Episode nicht. Seiner Schwester erzählte Urech, was er gesehen hatte. Ein Lehrer drängte ihn, zur Polizei zu gehen. Doch Urech sah davon ab, da Märki einer seiner besten Arbeiter war. Unannehmlichkeiten wollte er ihm ersparen. Warum sollte ich einen Unschuldigen verdächtigen? «Geh du zur Polizei», konterte er den Lehrer. «Ich habe selber nichts gesehen», wiegelte der ab.

Wochen später, als Max im Stadtturm eingekerkert war, verteidigte sich Urech, er sei damals nicht der Einzige gewesen, der die Reinigung des Autos beobachtet habe. «Meine Nachbarn sahen es, aber keiner meldete es der Polizei.» Genau wie er.

Vernunft

Max Märki liebte seine Kinder, die beiden Mädchen und den Sohn. Er hoffte, nach der Scheidung wenigstens für eines die Obhut zu bekommen. Davon wollte Trudi nichts wissen. Der Mann, der fremdging, mit der Frau seines Bruders schlief, ist kein guter Umgang für die Kinder. Trudi wollte alle drei, und Max sollte für sie bezahlen. Sie verlangte 400 Franken an Alimenten, was für Max zu viel war. Finanziell wären ihm die Hände über Jahre gebunden gewesen. An eine Heirat hätte er nicht denken können. Aber er wollte Ragnhild heiraten. Nicht nur, weil er sie liebte. Sie erwartete sein Kind.

Max bat Trudi, wenigstens für ein Kind die Unterhaltszahlungen zu übernehmen. «Du arbeitest, du verdienst, du gefällst den reichen Herren», sagte er. Sie wies ihn zurück, da sie ihre Rechte kannte: Er musste zahlen. «Kommst du ein einziges Mal deinen Pflichten nicht nach, sorge ich dafür, dass du einen Vormund erhältst oder in eine Anstalt kommst.» Die Drohung bestärkte Max, jemanden zu berauben. Schlechtes Gewissen ergriff ihn nicht. Er brauchte das Geld ja nicht für sich selber, sondern für seine Kinder. Für die drei, die er schon hatte, und das vierte, das unterwegs war. Ende September 1957 erhielt er per Post den Antrag, den seine Frau am Gericht in Brugg gestellt hatte. Sie verlangte 510 Franken pro Monat, mehr, als sie ursprünglich angekündigt hatte.

Max reagierte gleichgültig. Dagegen unternehme ich nichts, sagte er sich. Es hat ohnehin keinen Wert. Einen Anwalt kann ich mir nicht leisten, mir hilft keiner, da raube ich lieber einen aus.

Früher, als er noch im Akkord gegipst hatte, hatte er jeden Monat 1000 Franken nach Hause getragen. Hätte er seltener blaugemacht, wären es bestimmt 1200 Franken gewesen. Genug für ein anständiges Leben und genug, um Alimente zu zahlen und den eigenen Alltag zu bestreiten.

Max war ein *Chrampfi*. Arbeitete er, arbeitete er viel und gut. Auf dem Bau trank er Milch statt Bier. Im Herbst 1957 erschien er nur noch selten zur Arbeit. Er hatte den Kopf nicht mehr bei der Sache, sondern bei Ragnhild und der Scheidung. Meister Urech stellte von Akkord auf Stundenlohn um, was den Zahltag von Max schmälerte. Als er alles durchrechnete, merkte er: Es reicht nicht. Jeden Monat kostete ihn das Auto 95 Franken, die Möbel 70, vom Lohn gingen 120 Franken ans Konkursamt. Dazu die 510 Franken, die seine Frau von ihm wollte. Der Winter stand bevor, dann gab es auf dem Bau wenig zu tun. Teuer würde das Kind sein, das Ragnhild im Frühling gebären würde. Kläglich scheiterten die Versuche, nebenbei etwas zu verdienen, alte Häuser in Döttingen zu renovieren, Wollgarn zu kaufen, zu spinnen und als Wolle zu verkaufen. Er blieb auf 80 Knäueln sitzen.

«Ich brauche Geld», sagte er Anfang Oktober zu Ragnhild. Während des Sommers, der für beide so heiter und befreiend gewesen war, hatte er nie geklagt. Er ging mit Ragnhild essen und trinken, zeigte der Norwegerin die Schweiz, beschenkte sie. Alles zahlte er, den Ausgang, das Benzin, die Fahrkarten, wenn sie mit dem Zug reisten.

«Lass uns nach Amerika gehen», sagte Ragnhild. «Dort kennt uns keiner.»

«Hast du Geld?»

«Nein, wir müssen sparen.»

«Vielleicht gebe ich ein Inserat auf, um ein Auto zu verkaufen, das ich nicht habe», bemerkte Max an einem Abend. «Dann betäube ich den Käufer und raube ihn aus.» Draussen war es bereits kühl. Ragnhild lachte. Sie hielt es für einen der derben Spässe, die Max oft machte und die sie nicht immer gleich gut ertrug.

Tagelang trug Max den Gedanken mit sich herum, einen Raub zu begehen. Den Entschluss fasste er am Dienstag, den 15. Oktober 1957. Wie immer Mitte des Monats gab er am Vormittag die Stundenliste für den Zahltag ab. Nach Abzug der Pfändung und der bezogenen Vorschüsse waren ihm 49 Franken geblieben. Davon kann keiner leben, sagte sich Max. Ich gebe das Inserat auf. Ob er das krumme Ding tatsächlich durchziehen würde, war er sich nicht sicher. Er könnte jederzeit abbrechen, niemand würde zu Schaden kommen.

Etwas Besonderes empfand er nicht, nachdem er die Annonce aufgegeben und den ersten Schritt zu einem Verbrechen gemacht hatte. Als wäre nichts gewesen, ging er zurück zur Arbeit.

Seiner Geliebten sagte er vorerst nichts von dem Inserat, das Setzer in Aarau mit Bleibuchstaben setzten, Drucker druckten, Lastwagen zu Kiosken fuhren und Zeitungsverträger in die Briefkästen der Abonnenten steckten, und das einen unbescholtenen Mann das Leben kosten sollte.

Max kaufte sich am 16. Oktober kein ‹Aargauer Tagblatt›. Im Gegensatz zu Stadelmann prüfte er nicht, ob sein Angebot erschienen war. Ihm war nach einem Fest zumute, nicht nach Zeitung lesen. Nach der Arbeit fuhr er nach Luzern zu Ragnhild. Im Gotthardloch feierten sie seinen 26. Geburtstag. Danach waren sie angeheitert und aufgedreht und erregt. Er wollte mit ihr schlafen. In Luzern ging das nicht. Ragnhild durfte niemanden aufs Zimmer nehmen. Für ein Hotel hatten sie kein Geld. Küssend verliessen sie das Restaurant, gingen zum Citroën, den Max in der Nähe des Bahnhofs parkiert hatte. «Steig ein», sagte er, «wir fahren zu mir.»

«Aber ich muss morgen arbeiten», antwortete sie.

Max öffnete für Ragnhild die Schmetterlingstüre. «Steig ein.» Sie fuhren nach Brugg und liebten sich.

Ohne zu schlafen, fuhr Ragnhild am Morgen mit dem Citroën zurück nach Luzern. Den Führerausweis, der ihr in Norwegen wegen eines Unfalls entzogen worden war, hatte sie wieder erhalten. Da Max kein Auto hatte, holte er die Offerten am Donnerstag mit dem Zug in Aarau ab. Am Abend telefonierte er mit Stadelmann und verabredete sich mit ihm auf Samstag.

Am Freitag informierte Max seine Geliebte. Ragnhild zögerte. «Mach das nicht», sagte sie, das sei gefährlich. «Ich brauche Geld», sagte Max. «Wir brauchen Geld.» Ragnhild wiederholte sich. «Mach es nicht!» Max betonte, er brauche ihre Hilfe. «Ich habe schon viel für dich getan, mach dir keine Sorgen, das ist nicht gefährlich.» Max übte Macht über Ragnhild aus. Sie fürchtete sich, Nein zu sagen.

Er sprach nicht das erste Mal darüber, «etwas zu machen». Im August, als sie in Brugg spaziert waren, hatte er von den Männern geredet, «die viel Geld haben». Auf sie hatte er es abgesehen, mit Ragnhild als Köder. «Mach dich an so einen ran», schlug Max vor. «Wie denn?», fragte Ragnhild. «Lass einen Handschuh fallen, er wird ihn aufheben, komm mit ihm ins Gespräch und lass dich von ihm einladen.» Er würde den reichen Mann stellen und drohen, dessen Frau zu sagen, er laure jungen Mädchen auf. «Der wird mir eine Stange Geld zahlen, damit ich ruhig bleibe.»

«Du machst doch nur Spass!», sagte Ragnhild.

«Nein, das könntest du doch machen.»

«Was denkst denn du von mir, was für ein Mädchen ich bin, das so etwas macht?»

Als Max am 19. Oktober 1957 über Mittag nach Hause kam, lagen zwei gelbe Couverts auf dem Stromzähler vor der Zimmertüre, adressiert an ihn, vom Bezirksgericht. Der Entscheid zu den Alimenten. Max legte die Couverts geschlossen zur übrigen Post und öffnete die Briefe erst Tage nach der Tat. Die Entscheide waren für ihn erfreulich ausgefallen. Nur 400 statt der verlangten 510 Franken musste er zahlen. Zudem wurde das Armenrechtsgesuch seiner Frau abgewiesen. Für die Verfahrenskosten musste sie selber aufkommen.

Hätte ich die Tat ausgeführt, wenn ich den Umschlag schon am Samstag geöffnet hätte? Max stellte sich die Frage mehrmals im Gefängnis, ohne eine Antwort zu finden.

«Unser Motiv war die Beschaffung von Geld», erklärte Ragnhild bei der ersten Einvernahme. «Wir hatten früher schon davon gesprochen, miteinander nach Amerika zu fahren.»

Er bereue die Tat, sagte Max nach der Verhaftung. «Ich leide sehr darunter, einen Menschen wie Ragnhild ins Unglück gebracht zu haben.»

Er habe sie dazu verleitet. «Ihre Liebe war leider stärker als die Vernunft.»

Stierli

Kurt wusste bald Bescheid. Am Dienstagabend, drei Tage nach der Tat, sass er bei Coiffeur Stierli in Gebenstorf auf dem Stuhl und blickte in den Spiegel. Stierli, der im Boxclub coachte, stutzte ihm das Haar, während Kurt im ‹Badener Tagblatt› von einem mutmasslichen Raubmord las. Ein Handelsreisender aus Rohr sei vom Kauf eines Opel Rekord nicht mehr nach Hause gekommen, Polizei und Angehörige würden das Schlimmste befürchten.

Das war mein Bruder, das war Max, wusste Kurt, bevor er den Artikel fertig gelesen hatte. Seit Wochen sagte ihm Max, er wolle einen neuen *Chrampf* machen, nachdem ihm derjenige mit der Zemp nichts als Ärger eingebrockt hatte.

Zehn Minuten dauerte die Fahrt vom Stierli an die Eggerstrasse nach Brugg. Kurt parkierte den DKW und eilte die Treppe hoch, in der Hand das ‹Badener Tagblatt›. Ohne zu klopfen, betrat er das Zimmer seines Bruders. «Max, das warst du!», schrie er und deutete auf den Artikel. Der wollte ihm Fragen stellen, doch Kurt verhielt sich, als wüsste er schon alles.

«Ja», gestand Max, sank zu Boden und fing an zu schluchzen. Kurt hätte ihn gerne umarmt. Er tat es nicht, weil man das nicht tat. Und weil Kurt wusste: Max hätte das nicht zugelassen. Weil er nie zärtliche Zuneigung erlebt hatte, konnte er sie selbst in Momenten nicht annehmen, wenn er sie brauchte.

«Ich wollte das nicht, ich wollte ihn nicht töten», sagte Max. «Ich wollte ihn betäuben und berauben.»

«Was ist geschehen?», fragte Kurt. Max erzählte, wie Ragnhild rechts statt links gefahren und er in Panik geraten sei, zu früh zugeschlagen habe und der Schlag nicht bewirkte,

was er beabsichtigte. Als er gesehen habe, wie sie Stadelmann zugerichtet hatten, habe er jegliche Hoffnung aufgegeben.
«Wir mussten ihn in den Fluss werfen.»

Vermutlich waren sie an den Rhein gefahren, dachte Kurt. Er fragte Max nicht, in welchen der vier im Wasserschloss ineinanderfliessenden Flüsse er den Vertreter geworfen habe.

«Warst du alleine?», fragte Kurt.

«Ragnhild war dabei, und Rex.»

«Hatte Stadelmann Kinder, war er verheiratet?»

Max zuckte mit den Schultern, er wusste es nicht.

«Das Geld habt ihr?»

Max zeigte ihm einen Tausender und den Fünfhunderter. Damit würde er am Kiosk keine Zigaretten kaufen können.

«Könntest du mir das Geld wechseln?», fragte er.

«An diesen Noten klebt Blut», meinte Kurt. «Ich rühre sie nicht an.»

«Du gehst jetzt aber nicht zur Polizei?»

«Ich verrate meinen Bruder nicht, das verspreche ich dir.»

Kurt riet ihm, sich zu stellen. «Die Polizei wird dich todsicher erwischen.» Kurt sagte es mit einer Bestimmtheit, die Max aufwühlte. Von nun an fürchtete er, sein Bruder würde ihn anzeigen.

An jenem Abend musste Kurt nach Bern. Er lieh den Citroën von Max, da er nicht mit einem DKW in eine Polizeikontrolle geraten wollte. Auf der Landstrasse nach Bern erkannte Kurt am Armaturenbrett Blutspuren.

Stadelmann.

Er stoppte, öffnete die Türe und übergab sich.

Agomensin

Max und Ragnhild stritten sich nur, wenn er wollte, sie aber keine Lust hatte. «Du bist keine richtige Frau», sagte er dann. «Ich kann mir jederzeit in Zürich eine andere nehmen.» Das tat ihr weh und machte sie traurig. Da sie sicher war, ihn zu lieben, hielt sie hin.

Mitte Oktober sagte sie ihm, ihre Tage würden nicht kommen. «Es wäre schön, mit dir ein Kind zu haben», meinte Max. Der Zeitpunkt aber sei ungünstig. «Es könnte Krieg geben, und dann ist es nicht gut, ein Kind zu haben.» Max las die Zeitung und hörte Radio. Er wusste, dass Sputnik um die Erde kreiste und die Amerikaner sich vor sowjetischen Raketen fürchteten. Jederzeit konnte der Kalte Krieg heiss werden.

Was er Ragnhild nicht sagte: Er hatte schon drei Kinder, für ein viertes fehlte ihm das Geld. Zudem standen die Verhandlungen zu seiner Scheidung an. Ein Kind, das er in Brugg melden müsste, würde die geheime Affäre offenlegen und seine Ausgangslage vor Gericht negativ beeinflussen.

In einer braunen Glaskapsel brachte er weisse Tabletten nach Luzern: Chinin, das Trudi ihm besorgt hatte. Max gab vor, sein Bruder habe eine seiner Frauen geschwängert, nun helfe er Kurt.

Hochschwangere Frauen nahmen Chinin, um Wehen zu fördern, da es anregend wirkte auf die Muskulatur der Gebärmutter. In hohen Dosen, hatte Max gehört, treibe es Schwangerschaften ab. «Nimm vier Stück auf einmal, dann wird alles gut», sagte er zu Ragnhild. Was er nicht gehört hatte: Chinin konnte zu Sehstörungen und Übelkeit, zu tödlichem Nierenversagen und Atemstillstand führen.

Als sie am nächsten Tag zurück in den Aargau fuhren, schluckte Ragnhild im Auto sämtliche Pillen. Sie wurde schneeweiss im Gesicht, im Zimmer von Märki übergab sie sich. Die Tage aber blieben aus.

Eine Woche nach dem Mord, an einem Sonntag, brachte Max ein Glasfläschchen aufs Zimmer. Darin befanden sich sicher 20 runde Tabletten, vielleicht mehr. ‹Agomensin› stand auf dem Etikett des Behälters, seit 1918 hergestellt von der Gesellschaft für Chemische Industrie in Basel, der Vorgängerin der Ciba. Ärzte setzten das Medikament bei Patientinnen mit unregelmässigem Zyklus ein. Der Name leitet sich von den lateinischen Worten ‹ago› und ‹mensis› ab, Stimulation und Menstruation. Frauen erzählten sich, man könne damit Kinder wegmachen, wenn die Dosis hoch genug sei. Die Chemiker der Pharmaindustrie gewannen die weiblichen Sexualhormone anfänglich aus Schlachtabfällen. Sie kauften Eierstöcke und Uteri von Kühen, reinigten und verarbeiteten sie zu Pillen. Ab Mitte der 1930er-Jahre stellten die Basler Chemiker ihre Reinhormone künstlich her. Schon früh, ab Ende der 1920er-Jahre, kannten sie die abortive Wirkung von Agomensin. Gynäkologen hatten ihnen darüber berichtet. Agomensin regelte nicht nur die Tage, Frauen konnten mit den Hormonpillen verhüten und abtreiben. Öffentlich sprach von der Ciba niemand darüber.

Gekauft hatte Max das Agomensin in der Apotheke Dr. Brentano in Brugg. Zuvor war er zu seiner Frau auf den Bözberg gefahren und hatte sie gefragt, ob sie ihm die Tabletten besorgen könne. Die Pillen seien für die Geliebte seines Bruders. Sie konnte nicht weg, schrieb ihm aber den Namen auf einen Zettel, den er in der Apotheke zeigte. Ein Rezept war nicht nötig.

«Woher hast du die Tabletten?», fragte ihn Ragnhild.

Abermals log Max. «Von einer Frau, die im Haus meiner Eltern wohnt. Sie haben bei meiner Frau geholfen und bei zwei meiner Schwägerinnen.»

«Wie viele muss ich nehmen?»

«18, dazu trinkst du einen Liter Rotwein», sagte Max und stellte eine Flasche Chianti auf den Tisch. Max hatte vor Jahren von der fördernden Wirkung des Weines bei solchen Abtreibungen gehört, als seine Frau mit einer Freundin darüber gesprochen hatte.

«Die Frau fragte mich, ob du ein gutes Herz hast», sagte Max.

«Was meint sie damit?»

«Du wirst eine Stunde nach Einnahme krank werden, aber das geht vorbei.»

Ragnhild sagte nichts.

«Die Schwester meiner Frau hat diese Tabletten genommen», holte Max aus.

«Was ist passiert?»

«Sie ist verrückt geworden, aber es ging wieder vorbei. Gefährlich war es nicht.»

Ragnhild lag im Bett und hatte Angst. «Ich nehme die Pillen nicht», sagte sie. «Du musst, wir können kein Kind haben», zischte Max sie an und reichte ihr die Tabletten, dazu den Chianti. Sie schluckte ein paar Pillen, trank einen Schluck. Als Max wegschaute, leerte sie das braune Fläschchen hinter dem Bett aus und liess die Agomensin-Kapseln auf den Boden kullern.

«Hilft das nichts, weiss ich nicht weiter», sagte Max, der davon ausging, sie habe alle geschluckt. Nach einer halben Stunde erfasste Ragnhild grosse Übelkeit. Das Atmen fiel ihr schwer. Tagelang spürte sie einen Druck auf der Brust. Aber sie blutete nicht.

Max sprach nun von einem Arzt im Kanton Luzern, der ihr das Kind wegmachen könne. Ihr Bruder habe ihm eine Adresse in Kriens gegeben. Der Arzt – Doktor Gabriel Stofer* – würde dafür 250 Franken verlangen. «Dafür musst du mindestens drei Monate schwanger sein.»

«Das will ich nicht, das wäre ja Mord», sagte Ragnhild, die im ABC mit einer Italienerin über das Kinderwegmachen gesprochen hatte. Dafür müsse man lange ins Gefängnis, sagte sie ihr.

«So, dann gehst du nach Norwegen und bringst das Kind dort zur Welt», sagte Max. Er wollte sie während der Geburt auf keinen Fall in der Schweiz haben. «Sag deinen Eltern, wer der Vater ist, ich werde dich heiraten, sobald du zurück bist.»

Ein Kind brachte Ragnhild nicht zur Welt. Ob sie tatsächlich schwanger gewesen war, konnten die Ärzte abschliessend nicht sagen. Ihre letzte Periode hatte sie Mitte September. Am 12. Dezember, sie sass im Bezirksgefängnis in Baden, blutete sie leicht. Der Untersuchungsrichter beauftragte das Schweizerische Serum- & Impfinstitut in Bern, sie auf eine mögliche Schwangerschaft zu testen. Ein Urintest vor Weihnachten fiel positiv aus. Ja, sie sei schwanger, hiess es aus dem Institut. Mitte Januar musste sie erneut in ein Glas pinkeln. Aus Bern kam das gleiche Ergebnis zurück: schwanger. Sie blutete wieder ein wenig. Ein dritter Test Ende Januar war negativ, Ragnhild war nicht schwanger.

«Die Befunde lassen sich medizinisch nicht ohne Weiteres zusammenbringen», schrieb der Chefarzt der Abteilung für Frauenkrankheiten und Geburtshilfe am Kantonsspital Aarau, Dr. Hansueli Fliege*. «Es besteht irgendwo ein unerklärlicher Widerspruch.» Die angewandte Aschheim-Zondek-Reaktion galt als zuverlässig. Der von zwei Gynäkologen entwickelte Test mass, ob im Harn eine erhöhte Konzentration des Hormons Choriongonadotropin vorlag, das Frauen 120 Stunden nach einer Befruchtung ausschütten. Gut möglich, schrieb Dr. Fliege, dass bei Ragnhild eine Eileiterschwangerschaft bestanden habe. Vielleicht hatte das Labor ganz einfach gepfuscht.

Der Straftatbestand einer versuchten Abtreibung sei kaum zu beweisen, betonte Fliege in einem abschliessenden Schreiben an den Richter. Es stehe «nicht mit einer zu einer strafrechtlichen Verurteilung genügenden Sicherheit» fest, ob die Angeklagte ein Kind erwartet habe. Abgesehen von den Aussagen von Ragnhild und Max fehlten Beweise.

Fluchtversuch

Die Landschaften zogen ihn an, die Weite, der mächtige Himmel. Er mochte den Rock 'n' Roll aus Amerika, Elvis, Buddy Holly, den Jazz der Neger, die Kurven der lauten Autos. Max wollte in die Vereinigten Staaten. Ragnhild würde mitkommen. Mit dem Citroën nach Dänemark, dort zwei Karten nach New York kaufen und einen grossen Dampfer besteigen. Das war sein Plan.

Ob er das durfte, wusste Max nicht. «Darf ein Geschiedener, der Alimente bezahlen muss, überhaupt auswandern?», fragte er im Sommer den Vater. Dieser bejahte es, und er hatte Recht. Solange einer zahlte, konnte er gehen, wohin er wollte. Nach der Scheidung gehe ich, sagte sich Max. Nicht, weil er sich aus der Verpflichtung stehlen wollte. Das wäre ja schwierig gewesen. Es gebe nur zwei Länder, wo die Interpol einen nicht fände, Uruguay und Ecuador, hatte ihm einer auf dem Bau erzählt. In Amerika würde er mehr verdienen als im Aargau, dort könnte er seine Kinder besser unterstützen.

Die Tat änderte alles. So rasch wie möglich wollten sie weg. Ragnhild war überzeugt, man würde sie in Baden und Brugg erkennen. Max traute sich nicht mehr nach Aarau, da das Fräulein im Zeitungsbüro ein genaues Signalement von ihm erstellt hatte. Hätte er doch Schnauz und Béret getragen.

Von welchem dänischen Hafen die Schiffe nach Amerika ablegten, ob sie nach Boston oder New York oder Baltimore fahren sollten, erörterten sie an jenem Abend. Lange nach Mitternacht stieg Max in Luzern ins Auto und fuhr los. Es war die Nacht vom 29. auf den 30. Oktober. Nebelschwaden lagen über dem Aargau, als er gegen halb drei Uhr über das Birrfeld rollte, wo es seit 1937 ein Flugfeld gab. Max musste sich konzentrieren, war schläfrig, sah wenig. Das Rattern des

Motors schien immer leiser zu werden und sich von ihm zu entfernen.

Max nickte ein.

Ein dumpfer Aufprall riss ihn aus dem Sekundenschlaf. Mit 30 Stundenkilometern hatte er einen Holzhaufen gerammt, der zehn Meter abseits der Strasse auf einer Wiese stand. Seine Stirn prallte ans *Motörli*, das an der Windschutzscheibe angebracht war und die Scheibenwischer antrieb. Max wurde es schwindelig, er blieb aber bei Bewusstsein. Der Motor starb ab. Er stieg aus und fluchte. Sein Citroën lag defekt am Holzhaufen.

Die Polizei darf das Blut von Stadelmann nicht sehen. Das Auto muss weg. Ich muss weg. Ich brauche Hilfe. Ich brauche Kurt.

Zu Fuss eilte Max durch die Nacht nach Gebenstorf, überquerte die Reuss, kam nach einem Lauf von fünf Kilometern in Untersiggenthal an. Der Vater fütterte die Ziegen, als er um Viertel nach vier vor dem Haus im Hölzli stand. «Was machst du hier?», fragte er. «Mein Auto ist nur noch Schrott, ich hatte einen Unfall im Birrfeld.» Auf der Stirn seines Sohnes erkannte der Vater eine Beule. «Ich brauche Kurt, um das Auto abzuschleppen.»

«Hol den TCS», empfahl der Vater den Abschleppdienst, der wegen der entfachten Autoeuphorie boomte. «Zu teuer», sagte Max, er weckte seinen Bruder, holte im Stall ein Seil und streifte sich ein frisches Hemd über. Im DKW fuhren sie ins Birrfeld, schafften es aber nicht, den beschädigten Citroën auf die Strasse zu ziehen. Die Karosserie war ramponiert, der vordere Teil im Holz verkeilt. Allein über die Zündung sprang der Motor nicht mehr an.

«Wir brauchen einen Traktor», sagte Max und ging zum nächsten Hof. Er bot einem Bauern, der gerade seine Kühe molk, einen Fünfliber an. Mit dem Traktor zog der Landwirt den Wagen aus dem Graben. Max steckte die Anlasserkurbel ins Andrehloch, warf den Motor an und folgte Kurt, der im DKW vorausfuhr. Kurz nach fünf Uhr schepperte die Karawane unbemerkt durch Brugg. Bei der landwirtschaftlichen Schule gab Max ein Zeichen, Kurt solle heimfahren. Auf den letzten Metern zischte der Motor des Citroën, aber Max schaffte es, die kaputte Karre vor das Haus seiner Familie auf dem Bözberg zu parkieren.

«Was ist passiert, Max?», fragte Trudi, die herausgeeilt war. Max log, wie so oft. Er sei in Döttingen gewesen und habe Schwarzarbeit verrichtet. Auf dem Rückweg habe er eine Bretterbeige gerammt. «Was nicht schlecht ist. Das Auto war zu teuer.» Er hätte nie aufgehört, es zu fahren, nicht einmal, wenn er hätte hungern müssen. Trudi bot ihm an, ein paar Stunden bei ihr zu schlafen. Erschöpft legte sich Max ins Bett, schlief bis elf, ass Trudis Mittagessen und ging zur Arbeit.

Am Abend kehrte er auf den Bözberg zurück und entfachte draussen ein Feuer. Aus dem Wrack riss er die Türfüllungen, die vorderen und die hinteren Polster. «Warum schraubst du das Auto auseinander?», fragte Trudi. «So kriege ich mehr Geld», sagte Max. «Schrotthändler zahlen mehr für Einzelteile als für das gesamte Wrack.» Fast alles, was Max tat, rechtfertigte er mit Geld.

«Was machst du mit den Polstern?», fragte Trudi. Die Kinder sollten sie behalten, sie könnten darauf spielen. Max willigte ein. Schliesslich zerlegte er Trudis Auto. Seit dem Konkurs von Max lebte das Paar in Gütertrennung. Damit das Konkursamt das Auto nicht eintreiben konnte, erwarb sie es, obwohl nur er damit fahren würde.

Max hatte den schwarzen Citroën Légère, Baujahr 1947, beim alten Autohändler Foglia in Cham gefunden. Ein Auto, das zu ihm passte, das Ganoven und Polypen in den Filmen lenkten, die er im Kino Orient sah. Es hatte Stil, drei Gänge, vier Zylinder, Vorderradantrieb, einen bequemen und geräumigen Innenraum. Schick, der ausgebuchtete Blechdeckel, der das Reserverad umfasste. Max mochte die typische Citroën-Schaltung und das praktische Einblick-Instrument. In weniger als 20 Sekunden beschleunigte die Limousine von 0 auf 80 km/h und erreichte Spitzen von über 120 km/h. Auf 100 Kilometern verbrauchte der schnittige *Chlapf* zwölf Liter Benzin.

Foglia verlangte 2500 Franken. Max gab ihm ein altes Oldsmobile als Anzahlung im Wert von 1500 Franken. Den Rest würde er in monatlichen Raten von 96 Franken abzahlen. Am 21. Januar 1957 unterschrieb Trudi Märki einen ersten Vertrag.

Rasch bemerkte Foglia den minderen Wert des Oldsmobile und forderte nachträglich einen Mehrpreis von 300 Franken für den Citroën. Trudi wollte nicht mehr bezahlen, der Vertrag sei ja unterschrieben. Hinter ihrem Rücken schloss Max einen zweiten Kaufvertrag ab. Der Citroën kostete nun 2800 Franken. Max unterschrieb mit «Frau T. Märki», obwohl ihm sein Bruder von einer Urkundenfälschung abgeraten hatte. Trudi erfuhr erst davon, als Foglia ihr das Vertragsdoppel zusandte.

Pünktlich zahlte Max die Raten an die Zürcher Bank für Warenkredite. Bei der Verhaftung schuldete er noch 340 Franken für den zu Schrott gefahrenen Schlitten.

Trudi ging zurück ins Haus und richtete das Abendessen. Kaum war sie weg, warf Max alle Polster ins lodernde Feuer. Seine Kinder sollten nicht auf Kissen herumtollen, auf denen er einen Menschen erschlagen hatte. Er weinte, während er dem Auto die Innereien herausriss und sie verbrannte. Minutiös suchte er jede Ecke der Limousine nach verkrusteten Blutspritzern ab. Dabei stellte sich Max vor, er sei ein *Schroter* auf Spurensicherung. Mit dem Beil zerschlug er den blutverschmierten Leim, der den Filz mit dem Boden verklebt hatte. Zuletzt nahm er ein Seitenfenster aus der Fassung und kratzte die eingetrockneten Spritzer weg, die seit zehn Tagen am Glas klebten.

An ein Skelett erinnerte der Légère, als Max mit ihm fertig war. Zuletzt glühte er im Feuer den Wagenheber aus, der die ganze Zeit unter dem Vordersitz gelegen hatte. Trudi brachte ihm ein Glas Wasser und sah, wie sich das Kunstleder der Polster zu einer klebrig-heissen Masse verschmolzen hatte. «*Du bisch en dumme Siech*», sagte sie. «Die waren für die Kleinen, warum hast du sie verbrannt?» Max schüttelte den Kopf. «Ach, hier liegt sowieso viel zu viel rum.» Er wartete eine Weile, bis das Feuer zur Glut zusammengefallen war, entnahm den Wagenheber mit einem Stück Eisen und versteckte ihn im *Schopf.*

Zurück in Brugg schrieb Max seiner Geliebten einen Brief. «Weisst du noch, als ich dir gestern erzählte, dass wir per Auto bis Dänemark fahren wollen?» Er schilderte den Unfall, das Auto sei kaputt. Ihm brumme der Schädel, da er einen Schlag an den Kopf erhalten habe. Schlimm sei es nicht. «Siehst du, für jeden Spass und Ungerechtigkeit, die ich tu, muss ich büssen.»

Max hatte ein Händchen dafür, sein schwieriges Leben noch schwieriger zu machen. Ans Auswandern war nicht mehr zu denken. Dafür hätte er ein Auto gebraucht. Die 4000 Franken, die sie Stadelmann gestohlen hatten, reichten nicht für ein neues Leben. «Nun ist alles vorbei», schrieb Max.

Warum Max öfters auf den Bözberg komme, fragte sich Trudi an jenem Abend, als draussen das Feuer glühte. Schlief er bei ihr, schreckte er mitten in der Nacht auf, Laken und Hemd durchnässt. Nicht nass wie einst. Nicht Urin, sondern Schweiss hatte die Nässe verursacht. Der hat sich auf dem Bau aufgeregt, dachte Trudi. Das legt sich wieder. Sie kannte Max. Nervös war er schon immer, wohl bereits bevor seine Mutter ihre Buben hatte stehen lassen. Diese hatte an Wahnvorstellungen gelitten, Stimmen gehört und ihre Panik auf die Buben übertragen, statt sie zu umsorgen. Als Baby hatte Max oft stundenlang in dreckigen Windeln dagesessen und Hunger gehabt.

Unsicherheit entlud sich in Gewalt, oder sie verkroch sich in Stille. Meist war Max alleine. Freunde hatte er kaum. Fiel ein ungerades Wort, stellte er sich taub. Um den Bruder zu ärgern, riss er ihm die Seiten aus dem Schulheft. Auf dem Schulweg zettelte er Schlägereien an. Mädchen mochte er, war aber zu gehemmt, sie anzusprechen.

Max war immer arm, fühlte sich übergangen und anderen gegenüber zurückgesetzt. Aus dieser Misere wollte er herauskommen, der Armut trotzen.

Sein Leben war ein Fluchtversuch.

Über das Militär und mit einem eigenen Geschäft hoffte er auszubrechen. Das Geschäft ging pleite, was ihn den militärischen Rang kostete. Der tüchtige Berufsmann war kein erfolgreicher Geschäftsmann. Als Patron habe Märki das Sitzleder verloren, erzählte man sich in Baden und Brugg.

Er pfuschte, gipste viel statt gut. Mit 24 litt Max an dem, was Psychologen Jahre später als Burnout bezeichnen würden. Die finanzielle Belastung war zu gross, existenzielle und sexuelle Ängste erdrückten ihn. Die Energie liess nach, er war nicht mehr belastbar. Arbeitete er zwei Wochen, lag er eine im Bett. Zu Hause stritt er. Auf dem Bau schlich der Schlendrian ein, die Kinder vernachlässigte er.

Max eilte dem Geld nach. Als müsste er die Liebe, die er nicht hatte, damit aufwiegen. Er gab es gerne aus, redete darüber, suchte danach, kaufte Autos, hatte kostspielige Geschichten mit Frauen. Hatte er kein Geld im Sack, war ihm nicht wohl. Wohl war es ihm selten.

Die Liebe zu Ragnhild trieb ihn tiefer in die Klemme. Egal wie, es musste *Stutz* her. Jetzt, wo seine Freundin schwanger war, weder das Chinin noch das Agomensin geholfen hatten, das Kind wegzumachen, und sie nicht zum Arzt wollte.

«Ich mache einen *Chrampf*», sagte er zu Kurt.

Herrgott

Oberhalb von 2000 Metern lag bereits Schnee. Es war Mittwoch, der 6. November 1957. Im Bundeshaus in Bern fand der Vorstoss, die Zahl der Bundesräte von sieben auf neun zu erhöhen, wenig Gehör. Kurz nach 15 Uhr betrat Max Märki die Zelle des Bezirksgefängnisses von Brugg. Hinter ihm fiel die Türe ins Schloss. Ein Polizist verriegelte sie. In Amerika, wohin sich Max hingeträumt hatte, führte Elvis Presley die Charts mit einer Rock-'n'-Roll-Hymne an: «Jailhouse Rock».

Gipsermeister Urech hatte Märki auf den Brugger Polizeiposten geführt und Korporal Neuhaus* verlangt, den er kannte. Da Neuhaus in Neuenburg einen Kurs besuchte, nahm dessen Kollege Heuberger* die beiden in Empfang. «Können wir ins hintere Büro?», fragte Urech, der sich auf dem Posten auskannte. «Das ist eine heikle Sache.» Heuberger willigte ein, führte die beiden in einen fensterlosen Raum und schob die Türe zu. Urech legte den Hut auf den Tisch und rang nach Worten.

Was er sagen wollte, hatte er noch nie gesagt. «Urech, Hans», stellte sich der Gipsermeister vor, «das ist mein Arbeiter Märki, Max.» Max, der neben ihm sass, blickte an die Wand. «Er hat mir gestanden, der Täter im Mordfall Stadelmann zu sein.»

Heuberger erstarrte, Max begann zu zittern und hielt sich mit beiden Händen am metallenen Stuhl fest. «Stimmt das?», fragte der Polizist und schaute ihn an. «Ja», sagte Max. Heuberger forderte ihn auf, den Hergang der Tat in groben Zügen zu umreissen. Max erzählte vom Inserat, der Fahrt, dem Halt auf der Brücke, dem Wurf ins Wasser, vom Blut, das er und Fräulein Flater weggeputzt hatten. Im Nu orientierte Heuberger seinen Vorgesetzten, der das Polizeikommando in Aarau verständigte. Heuberger begab sich an die Eggerstrasse und durchsuchte das Zimmer des geständigen Gipsers.

Max teilte die Zelle mit einem anderen Gefangenen. Er war erlöst. Die beiden letzten Wochen hatten ihn gemartert. Das Gewissen plagte ihn. Jede Nacht hatte er hellwach im Bett gelegen. Er, der nicht an eine höhere Macht glaubte, hatte zu Gott gebetet, um den Mut zu finden, sich zu stellen. Um ihn herum drehte sich alles um einen Mord, den er begangen hatte. Die Kollegen auf dem Bau redeten davon, erzählten, was sie in den Zeitungen dazu lasen. Max schwieg, dabei war ihm aufgefallen, dass vieles nicht stimmte, was man sich erzählte. Einmal sass ein Dutzend Bauarbeiter beim *Znüni*. Ausgerechnet Kurt las einen langen Zeitungsartikel über den verschollenen Handelsreisenden laut vor. Die Maurer und Gipser spekulierten, ob Stadelmann noch lebe, wer ihn getötet haben könnte, was der Mörder mit dem Geld anstellen könnte. Ein ruchloser Kerl müsse es gewesen sein, der eine Tat raffiniert geplant und gemein ausgeführt habe, da waren sich alle einig. Max hörte zu, bis er einwandte: «Vielleicht wollte der Täter gar nicht töten, sondern nur rauben.»

Das Wort Heide missfiel Max. Aber an Gott glaubte er nicht. Gott gibt es nicht, sonst hätte er mich nicht jemanden töten lassen, dachte er in der Nacht, als er Stadelmann niedergeschlagen hatte. Dass er jemanden töten konnte, bewies Max: Gott existiert nicht. Gäbe es Gott, hätte er das verhindert.

Eine Woche nach der Tat ging er am Sonntag in die Messe, was er sonst nie tat. Der Pfarrer predigte zu jenen, die an Gott zweifelten. Max fühlte sich angesprochen. Ragnhild war auf dem Zimmer geblieben. Innerlich war sie leer. Sie machte zu. Seit Zeitungen und das Radio ihr Signalement veröffentlicht hatten, traute sie sich nur noch selten unter Menschen. Max brachte die Bilder jener Nacht nicht mehr aus dem Kopf. Um andere Bilder zu finden, ging er am Abend ins Kino. Hinten im Saal sass Josef Breitenmoser, ein Theologe aus Windisch, den sie den «Auslandschweizer» nannten. Vor Jahren hatte er die Schweiz verlassen, im Aargau war er nur noch selten. Nach dem Film tranken Breitenmoser und Max im Hotel Bahnhof ein Bier und spazierten danach durch Brugg.

Gibt es Gott? Max wollte vom Theologen wissen, ob Gott, wenn es ihn geben würde, ähnlich barmherzig sei, wie es in der Bibel stehe. Ob er einem gläubigen Mörder verzeihen könne. Und ob der Täter zu Gott beten könne, damit er nicht erwischt werde.

Max fragte, weil er sich sicher wähnte. Jede Falschmeldung beruhigte ihn. Höchstens eine höhere Macht könnte ihm etwas anhaben. Die Polizei fahndete am falschen Ort. Die Zeitungen nannten einen DKW als Tatfahrzeug und setzten allerhand Gerüchte in die Welt, weit weg von der Wahrheit. Zeugen wollten Schüsse gehört, andere Stadelmann im Restaurant Baldegg gesehen haben.

Breitenmoser empfand die Fragen als eigenartig. Er war mit Max zur Schule gegangen. Naiv hatte Max auf ihn gewirkt, nicht gerade belesen, aber bestimmt nicht dumm. «In diesem konkreten Sinne hilft Gott nicht», antwortete der Theologe. «Aber er ist barmherzig, er nimmt Rücksicht auf die Angehörigen, vielleicht hilft dies dem Täter.» Die Antwort trieb Max um. Der Polizei stellen würde er sich aber nicht, es sei denn, ein Unschuldiger würde verdächtigt und an seiner statt eingesperrt werden.

Am 2. November, zwei Wochen nach der Tat, sass Max auf dem Bözberg beim Abendessen. Er freute sich, mit seinen Kindern zu sein. «Ein *Landjäger* war hier», sagte Trudi, «der Peter Hüsser*. Er wollte wissen, wo du am 19. Oktober warst, am Abend.»

«Was hast du erzählt?»

«Dass du zwischen halb acht und acht Uhr hier warst und dann wieder gegangen bist.» Mehr habe Hüsser nicht wissen wollen. Um halb acht hatte er einen Menschen in die Reuss geworfen. Log Trudi ihm zuliebe? Wohl kaum, sie konnte ihn nicht mehr leiden. Oder erinnerte sie sich einfach falsch? Er fragte nicht nach. Schliesslich nützte ihm, was Trudi gesagt hatte.

Max blieb mit zwei Kindern auf dem Bözberg, während Trudi mit der ältesten Tochter in Holziken eine Freundin besuchte. Gegen fünf Uhr abends klopfte es. André Huber*, Möbelhändler aus Brugg, Katholik wie Breitenmoser. Eine Rate war fällig. Huber war von Beruf zwar Möbelhändler, seine Berufung aber war das Missionieren. Wen er traf, den versuchte er vom Wort Gottes zu überzeugen. Er konnte reden, einnehmend, mit Hingabe. Max hörte zu, sicher zwei Stunden. Die Kinder schliefen längst.

Es gibt einen Herrgott, war sich Max sicher, als Huber das Haus verliess. Der Herr will Gerechtigkeit. Ich muss mich stellen und büssen.

Judas

Max schien lebensmüde, erschöpft, sein Auto war kaputt. Kurt sorgte sich, er wollte seinen Bruder aufheitern und lud ihn und Ragnhild am Sonntagnachmittag, den 3. November, auf eine Spritztour ein. Mit dabei Irma Koch* aus Gebenstorf, die in der Dorfmetzgerei das Mädchen für alles war. Zu viert fuhren sie im DKW nach Kloten und beobachteten startende und landende Flugzeuge. Im nahe gelegenen Restaurant Katzensee tranken sie Wein und Bier. Eine Kapelle spielte. Die Frauen wagten sich aufs Parkett und tanzten. Max tanzte nicht, das Bier rührte er nicht an. «Sei kein Schlappschwanz», schimpfte Kurt. Max stand auf und ging zur Toilette. Die zotige Sprache ertrug er nicht. Die Gespräche mit Breitenmoser und Huber hallten nach.

«Was ist mit ihm los?», fragte Ragnhild. Sie lachte und warf sich Kurt an den Hals.

«Tu nicht blöd, ich weiss, was ihr getan habt.» Kurt stiess sie weg und folgte Max.

Wie ein Häufchen Elend sah sein Bruder aus, kauerte auf dem Boden und schluchzte. Es stank nach kaltem Urin. «Ich kann nicht mehr», heulte er. «Mein Leben ist kaputt.» Seit Tagen schlafe er nicht. «Ich bin müde.» Kurt ging zurück zum Tisch, setzte sich neben Ragnhild und flüsterte ihr ins Ohr. «Ich weiss alles, ihr müsst jetzt zu Gott beten.»

Mit verweintem Gesicht setzte sich Max an den Tisch. Feiern mochten die vier nicht mehr. Ohne ein Wort zu wechseln, fuhren sie in den Aargau.

«Kurt weiss es?», fragte Ragnhild, als sie das Zimmer betraten. Sie legte den Mantel ab und zog die Schuhe aus. «Er kam mit einer Zeitung zu mir und stellte mich», antwortete Max.

«Warum hast du mir das nicht erzählt? Hast du noch andere Geheimnisse?»

«Ja», sagte er. «Ich habe drei Kinder, nicht nur eines, und ich bin noch nicht geschieden.» Er erzählte vom Vater, der sich hatte scheiden lassen und wieder heiratete. Von der einen Nacht mit der Frau von Kurt. «Sei mir nicht böse, dass ich dir zwei Kinder verheimlicht habe», sagte Max. «Ich verstehe, wenn du mich jetzt verlässt.» Er sprach davon, sich «kaputt machen» zu wollen. Weil er Ragnhild nicht nur angelogen, sondern sie in einen Mord verwickelt hatte.

«Ich liebe dich», sagte Ragnhild und gestand ihm ihr Geheimnis. Richard, ihr Freund in Norwegen, sei nicht nur ihr Freund, sie seien verlobt. Beide weinten und schworen, sich künftig die Wahrheit zu sagen. «Wir vergessen, was war, und beginnen ein neues Leben», sagte Ragnhild.

Max nickte, verheimlichte ihr aber doch etwas: Dass er sich am Katzensee in der stinkenden Toilette entschieden hatte, sich zu stellen. Er hatte das Verstecken nicht nur satt, es zermürbte ihn.

Ragnhild hatte noch nie einen Mann so weinen sehen wie Max in jener Nacht.

Am nächsten Morgen bestieg sie um 06.12 Uhr den Zug nach Luzern. «Mach dir keine Sorgen, Liebste», sagte er. «Uns erwischt niemand.» Ragnhild zitterte, da sie glaubte, auf dem Bahnhof erkannt zu werden. Max hatte ihr am Abend zuvor ein Billett gekauft, damit sie nicht an den Schalter gehen musste. «Sprich einfach mit niemandem», sagte er. Ihr Hochdeutsch sollte nicht auffallen.

Es war das letzte Mal, dass sich Max und Ragnhild in Freiheit sahen. Am Dienstagabend schrieb er ihr mit blauer Tinte auf unliniertem Papier einen Brief. Mittwoch früh brachte er ihn in Brugg zur Post, adressiert an Fräulein Ragnhild Flater, Tea-Room ABC, Grendel 3, Luzern.

Meine Liebe Ragnhild
Zum guten Glück fühle ich mich wieder als gesunder Mensch. Ich hatte gestern und heute einen harten Kampf mit mir. Ich glaube nicht zuletzt, dass mir das viele Beten nun geholfen hat.
Liebe Ragnhild, ich hoffe von Herzen, dass dir mein Geständnis wegen der Kinder nicht zu viel Schmerzen bereitet hat. Eine Stimme in mir sagte, dass wenn ich gläubig sein will, soll ich mein Herz ausschütten und nicht mehr lügen. Sei mir bitte nicht böse deswegen. Obschon ich manchmal fast bereit war, dir das zu sagen, fand ich einfach den nötigen Mut nicht. Bitte verzeih mir.
Ich war überglücklich, als ich deine Worte hörte, dass Du mich trotzdem liebst. Aber ich war derart verstört, dass ich dir nicht danken konnte.
Bitte Ragnhild, verlasse mich deswegen nicht, denn ich liebe viel, viel und ich weiss nicht, ob ich das Leben ohne dich, Ragnhild, überstehen würde. Du musst mir glauben, Liebste, das ist wahr, was ich hier schreibe. Ich leide sehr, weil ich dich jetzt so wenig sehe, aber ich hoffe, dass wir dafür über das Wochenende umso glücklicher sind.
Empfange meine innigsten Grüsse und Küsse (heisse sind es) Dein nur für dich lebender Max.
Vergiss nicht Gott und bitte ihn, dass er stets bei dir ist. Er wird dir und mir helfen.

Max hatte den «harten Kampf» gewonnen. Er würde ein Geständnis ablegen.

Den Wolfgang Peter aus Deutschland mochte Max. Peter fuhr von Thiengen in die Schweiz, einer von 42 724 Grenzgängern, die täglich ins Land kamen, um zu arbeiten, die den starken Franken und die hohen Löhne schätzten. Peter schätzte Märki, weil keiner besser arbeitete als der Gipser mit dem krausen Haar und den traurigen Augen. Nach Feierabend gingen sie manchmal eins trinken, auf der Baustelle nahmen sie das *Zvieri* zusammen ein.

Sie waren daran, in Turgi ein neues Schulhaus zu bauen. Am Dienstag, dem Tag, bevor Max sich stellte, assen sie ein *Eingeklemmtes* und sprachen über ihre Familien. Max erzählte von Trudi, von der Ehe, die zu früh angefangen und deshalb in die Brüche gegangen war, der anstehenden Scheidung, wie es ihn hinnahm, von den Kindern getrennt zu leben. Ja, es falle ihm schwer, jeden Monat Alimente zu zahlen.

«Meine Frau wollte zu viel», sagte Max.

«Zu viel Geld?», fragte Peter. «Du musst halt Toto spielen, landest du einen Volltreffer, bist du deine Sorgen los.»

«Im Bett, sexuell. Sie wollte zu viel Sex, ich konnte nicht mehr.»

Max erzählte ihm von seiner Freundin. «Sie gibt mir wieder das Gefühl, ein richtiger Mann zu sein, nicht einer, der nicht immer kann.» Jetzt erwarte sie ein Kind von ihm. «Ist es einer Ausländerin überhaupt erlaubt, in der Schweiz ein Kind zu gebären?», fragte Max den Deutschen. Peter wusste es nicht. «Man muss sich nicht wundern, wenn einem das Leben entgleitet, wenn man so unter Druck steht wie du», sagte er. «Unter solchen Umständen werden schon mal Krämpfe gerissen.» Er erzählte von einem Burschen drüben in Deutschland, der wegen 80 Mark einen zu Tode geschlagen hatte. Die Bemerkung traf Max wie ein Blitz. Er verlor die Beherrschung, und er liess los.

«Ich muss dir etwas gestehen», sagte er. «Ich habe etwas getan.»
«Was?», fragte Wolfgang Peter.
«Ob du es weitersagst oder nicht, ist mir egal.»
«Warum sagst du es mir überhaupt?»
«Um mich zu erleichtern.»
«Schiess los.»
Bis anhin sprach Max Hochdeutsch, jetzt wechselte er zu Dialekt. «*Ich bi dä, wo de Stadelma abegschlage hed.*»
Der Schwabe verstand Mundart. «Ach was, hör auf.»
«Ich wollte ihn nicht töten.»
«Wie hast du es denn gemacht? Mit einem Hammer?»
«Ja, mit *eme Schlegel.*»
«Wo ist Stadelmann jetzt?»
«Ich habe ihn ins Wasser geworfen, es hat sich nicht rentiert.» Er hatte einen Menschen für 4000 Franken getötet, zu wenig, um ein neues Leben anzufangen und nach Amerika zu gehen.

Zuerst erschrak Wolfgang Peter, wie kalt und gefühllos Max sprach. Danach schüttelte er den Kopf und entschied sich, ihn nicht ernst zu nehmen.

«Du kannst mich ruhig bei der Polizei melden», sagte Max. Der Grenzgänger glaubte ihm kein Wort. Der spinnt, der lügt, das ist nicht wahr. Hätte er die Tat verübt, würde er nicht darüber reden. Der Mörder fuhr einen blauen DKW mit deutschen Nummernschildern, so stand es in der Zeitung. Märki fährt Citroën, und er ist Schweizer. «Geh zur Arbeit, Max, mach dir keine Sorgen, ich sage nichts.» Ein Satz von Peter liess Märki aufhorchen: «Wir reden später nochmals darüber.» Was, wenn der mich erpresst? Schweigend zerlegten die beiden ein Gerüst und luden es auf einen Laster.

Am Abend weihte Peter seinen Vater ein. Der riet ihm, in der Schweiz zur Polizei zu gehen. Wäre Märki der Täter, hätte er ihm doch nichts gesagt, wandte der Sohn ein. Ein Deutscher habe getötet. «Geh wenigstes zu deinem Meister», hiess ihn der Vater. Peter schlief in jener Nacht kaum. Kurz nach Arbeitsbeginn suchte er den Chef auf. «Meister, ich muss Ihnen etwas mitteilen», sagte er. «Später, Peter, ich habe keine Zeit», wiegelte Urech ab und stieg ins Auto. Er holte Max in Untersiggenthal ab. Gemeinsam fuhren sie zur Baustelle nach Turgi, Urech am Steuer, Märki neben ihm.

«Max, der Peter kam zu mir, der Deutsche, weisst du, was der will?»

«Nein, was wollte er?»

«Mir etwas Wichtiges mitteilen.»

Max sagte nichts. Er errötete, die Hände fingen an zu zittern.

«Geht er nach Lenzburg?», fragte Urech, der befürchtete, Wolfgang Peter könnte kündigen. Er wollte ihn unbedingt behalten. «In Lenzburg gibt es viel zu tun.»

«Davon weiss ich nichts», sagte Max. «Er hat mir geraten, nach Lenzburg zu gehen.»

Nur wenige Minuten dauerte die Fahrt nach Turgi. «Was halten Sie von Peter?», fragte Max.

«Was meinst du damit?»

«Sein Charakter! Kann man ihm vertrauen?»

Urech war erstaunt. Märki hatte noch nie einen anderen Menschen nach dem Charakter beurteilt. «Warum fragst du mich so was?»

«Gestern habe ich zum Spass zu Peter gesagt, ich hätte den Stadelmann um die Ecke gebracht», sagte Märki. «Es war ein Scherz.»

Urech lachte ihn aus. «So einen Blödsinn sagst du ausgerechnet zu einem Deutschen! Du weisst doch, die Deutschen haben den Krieg verloren, weil sie sich gegenseitig verraten haben.» Der Meister fuhr los. Max ging auf die Baustelle. Innerlich war er aufgekratzt, als würde sein Magen lichterloh brennen.

Über Mittag klopfte Peter an die Haustür des Meisters. Dessen Frau öffnete. «Mein Mann ist nicht da.» Gegen halb zwei suchte Urech den deutschen Gipser auf dem Bauplatz auf.

«Peter, was wolltest du mir erzählen?»

«Meister, was würden Sie machen, wenn ein Freund oder ein Arbeitskollege Ihnen etwas anvertraut hat, das heikel ist?»

«Vertrauliche Aussagen behält man für sich.»

Peter nahm eine Zeitung aus der Tasche und zeigte Urech einen Bericht über das Verschwinden des Handelsreisenden. «Und wenn es um die Mordsache Stadelmann geht?»

«Dann muss man es melden.»

«Bei der Polizei?»

«Ja, Mitwissen ist Mithängen.» Urech sagte ihm, er sei in eineinhalb Stunden zurück, dann würde er ihn zur Polizei begleiten. Irgendwie schien der Meister anders als sonst, angespannter, weniger klar. Er kam an diesem Nachmittag nicht mehr zurück.

Nach der Mittagspause war Urech auf den Bauplatz gegangen. Sein bester Arbeiter verputzte die Wände. Urech winkte ihn herbei. «Der Deutsche war bei mir, ganz aufgeregt», sagte er. «Er fragte mich, ob er seinen besten Kollegen verraten solle.»

Max erbleichte. «Du bist der beste Kollege von Peter, *was händer gmacht?*» Peter musste die Wahrheit gesagt haben, nahm Max an. «Du hast mir heute morgen gesagt, du hättest aus Kalberei zum Peter gesagt, du hättest den Stadelmann um die Ecke gebracht.»

Max hörte nur noch zu.

«Da hast du dir eine hässliche Suppe eingebrockt.»

Max senkte den Kopf zu Boden.

«Schau, wenn du wirklich etwas gemacht hast, geh zur Polizei, stell dich, dann fällt die Strafe vielleicht milder aus.» Max schwieg.

«Hast du es getan? Sag es mir, dann gehen wir zusammen auf den Posten.»

Max wich drei Schritte zurück, blickte Urech in die Augen und rotzte ihn an: «Glauben Sie, dass ich es gemacht habe?» Der Tonfall gefiel Urech nicht. Etwas war nicht sauber. «Ich verdächtige dich nicht, Max. Aber wenn du der Täter bist, solltest du dich stellen, es ist das Beste für dich.» Urech sagte etwas, was er nicht wusste und nur halbherzig glaubte: «Wenn du dich selber stellst, gibt es zwei, vielleicht drei Jahre Zuchthaus.»

Max fing an zu weinen und sagte: «Ja, ich habe es getan.»

«Geh zur Polizei! Soll ich mitkommen?»

«Das würden Sie tun?»

«Sicher.»

Noch auf der Baustelle legte Max das Überkleid ab und zog das Portemonnaie aus der Tasche. «Geben Sie das bitte meiner Frau», sagte er und überreichte Urech 120 Franken. «Sagen Sie ihr, ich hätte mich gestellt.» Max schien erleichtert und stieg zum Meister ins Auto. Auf der Fahrt zur Polizei fragte er, ob Urech ihn nach Luzern bringen könne, zu seiner Geliebten. «Kommt nicht in Frage», wies dieser ihn zurück. «Können wir wenigstens in mein Zimmer gehen? Dort hat es noch Briefe von Ragnhild, die gehen die Polizei nichts an.» Urech verneinte und fuhr direkt zum Posten Brugg.

Nach dem Verhör verständigten die aargauischen Polizisten ihre Kollegen in Luzern, die sofort ausrückten. Über den Schwanenplatz erreichten sie um 17.25 Uhr den gut besetzten Tea-Room ABC. «Können Sie mich zu Ragnhild Flater führen?», fragte der Einsatzleiter beim Eingang. Die Serviertochter zeigte auf die Türe, die zur Küche führte. Als Flater die Polizisten sah, streifte sie ihre Schürze ab und ging auf sie zu: «Ich weiss, warum ihr hier seid.» Auf dem Zentralpolizeiposten gestand sie die Tat und erzählte, wie sie in die Schweiz gekommen sei, an Ostern Max kennengelernt habe, wie die beiden überlegt hätten, nach Amerika auszuwandern, ihnen Geld gefehlt habe, wie sie Stadelmann ausgeraubt und in den Fluss geworfen hätten.

«Haben Sie noch etwas beizufügen?», fragte der Leutnant am Schluss.

«Sagen Sie Max bitte nicht, dass ich ihn verraten habe.»

Die Verhaftung befreite Ragnhild. Seit Tagen fand sie keine Ruhe. Ihre einst leuchtenden Augen waren ermattet, die fröhliche Natur von Trübsal durchwirkt. Sie glaubte, Gottes Stimme zu hören, die ihr sagte: «Bekenne deine Sünden, nimm deine Strafe an, und ich werde immer bei dir bleiben und dir Kraft und Stärke geben.»

In einem Koffer in ihrem Zimmer fanden die Polizisten zwei Tausendernoten, dazu 142 Franken und 53 Rappen vom letzten Zahltag. Am späteren Abend fuhr die Luzerner Polizei sie nach Aarau, im Kofferraum eine Reisetasche, eine Schachtel mit Habseligkeiten sowie vier Koffer mit Kleidern. Das Bargeld nahmen die Aargauer Polizisten in Empfang. Beim Eingang des Bezirksgefängnisses sah sie die Kleider von Max. Sie haben meinen Max, weil ich ihn verraten habe, dachte sie.

Der Pfarrer, der sie im Gefängnis oft besuchte, schilderte ihr Wochen später, Max habe sich selber gestellt und sie als Mittäterin genannt.

Max erwähnte nicht nur Ragnhild. Im Laufe der mehrmonatigen Untersuchung sang er wie ein Kanarienvogel, erzählte vom Vater, der das Raubgut gewechselt habe, vom Bruder, mit dem er krumme Dinger gedreht habe, von der Engelmacherin aus Luzern, die er erpresst habe.

Ein paar Wochen nach der Verhaftung von Max kündigte Wolfgang Peter die Stelle bei Urech und ging zurück nach Deutschland. Die Kollegen auf dem Bau hatten den Grenzgänger nur noch «den deutschen Judas» genannt.

Laika

Erstmals umkreiste ein Säuger die Erde.

Einen Monat nach dem Sputnik-Schock hob am 3. November 1957 vom Kosmodrom im südkasachischen Baikonur eine weitere russische Rakete ab, in derselben Nacht, als Max Märki seiner norwegischen Geliebten gestand, drei und nicht ein Kind zu haben. Das Raumschiff transportierte den Satelliten Sputnik II und eine hermetisch abgeriegelte Kapsel, in der eine Hündin mitflog. Das Viech konnte sitzen und stehen. Nahrung nahm es vermengt mit Wasser als Gel zu sich. Radio Beromünster berichtete über den ersten Hund im Kosmos. Das Fernsehen schnitt den lächelnden Chruschtschow zum besorgten Eisenhower und zeigte, wie Amateurfunker das Signal des russischen Trabanten empfingen. «Sputnik II bereits unterwegs», schlagzeilte das ‹Badener Tagblatt›. Der neue Satellit sei eine «7-mal schwerere Kugel mit Hund als Passagier».

Einiges blieb in der Übersetzung hängen. United Press zitierte Radio Moskau und berichtete von einer Eskimohündin im All. «Eine ziemlich grosse Hunderasse, die an Entbehrungen gewöhnt ist und in Alaska und anderen Schneegebieten als Arbeitshund verwendet wird.» Dabei war es ein dreijähriger Mischling, vermutlich aus Husky und Terrier, aufgesammelt auf den Strassen Moskaus.

Ein weisser Strich verlief über das dunkle Fell der Hündin, von der Stirn bis zur kalten Schnauze. Nicht Damka hiess sie, wie das kommunistische Blatt ‹L'Humanité› in Paris wissen wollte, sondern Laika, der Kläffer. Reporter in Amerika nannten sie «Muttnik», Mischling im Sputnik. Um die Brust trug Laika ein Lederkorsett, versehen mit Sensoren, die messen sollten, wie sich kosmische Strahlen auf ihren Körper auswirkten. ‹L'Unità› berichtete aus Rom, der Versuchshund sei «so dressiert, dass er nur auf ein Klingelzeichen hin von seinen Vorräten frisst». Per Funk würden sowjetische Ingenieure die Töne aus Baikonur übermitteln. Zehn Tage sollte Laika die Erde umkreisen. Nach einem letzten Klingelton würde sie vergiftetes Futter essen, damit sie beim Wiedereintritt in die Erdatmosphäre nicht qualvoll verglühen müsse.

Der Westen war verblüfft, die Presse reagierte hysterisch. Die Kommunisten hatten es geschafft, ein Objekt, das eine halbe Tonne wog, ins Weltall zu befördern. «Sie müssen eine Abschussrakete besitzen, die mindestens 500 Tonnen wiegt», sagte der Vizepräsident der britischen interplanetarischen Gesellschaft. «Die Russen könnten eine Rakete nach dem Mond entsenden. Vielleicht werden sie dies noch in den nächsten paar Tagen tun.» Der Start sei erwartet und Sputnik II mit derselben Rakete abgeschossen worden wie Sputnik I, beruhigte US-Präsident Eisenhower.

Der vierbeinigen Passagierin gehe es gut, teilte die sowjetische Nachrichtenagentur Tass nach dem Start mit. Der Sprecher der BBC hatte die Nachricht kaum verlesen, da riefen beim Sender hunderte Hörer an, um gegen Tierquälerei aufzubegehren. Jeden Tag um 11 Uhr solle das gesamte britische Königreich eine Schweigeminute einlegen, bis Laika zurück auf der Erde sei, verlangte die National Canine Defence League. «Warum schicken wir statt Hunden nicht Kindsmörder ins All?», fragte Lady Munnings. Die königliche Gesellschaft zur Verhütung von Grausamkeiten an Tieren veröffentlichte die Nummer der sowjetischen Botschaft in London, damit Tierliebhaber ihren Unmut kundtun konnten. Das Telefonnetz brach kurzfristig zusammen.

Drei Tage vor dem Start nahm Laika in der druckregulierten Kabine Platz, die an der Sputnik-Trägerrakete vom Typ 8K71PS befestigt war. Über einen Schlauch floss warme Luft in ihre Kapsel. Zwei Betreuer umsorgten sie. Kurz vor dem ‹Liftoff› reinigten sie ihr Fell mit einer Lösung aus Alkohol und brachten die Sensoren an. Der Techniker, der sie in der Kapsel platziert hatte, küsste sie auf die Nase und wünschte ihr eine gute Reise. Er wusste, Laika würde nicht lebend zurückkehren. Um 02.30 Uhr hob die Rakete in der sowjetischen Unionsrepublik Kasachstan ab. Sofort schoss Laikas Puls in die Höhe, was auf Stress hindeutete. In der Schwerelosigkeit senkte sich der Herzschlag langsamer als bei Tests auf der Erde. Jahrzehnte später, Max war längst tot, machte Moskau Laikas Schicksal publik: Ihr Herz hatte sieben Stunden nach dem Start versagt, vermutlich wegen der Hitze und ihrer Panik.

Einen Monat, nachdem sich Max gestellt hatte, versuchten die Amerikaner einen ersten Satelliten ins Weltall zu schiessen. Live verfolgte die Welt am 6. Dezember 1957, wie die amerikanische Rakete beim Start in Florida umkippte, die Tanks explodierten und der Satellit zerschellte. Er hiess Vanguard TV3. Kommentatoren nannten ihn Floppnik und Kapputnik.

Schälkli

Der Grosse Rat nahm sich der Versäumnisse an. «Im ganzen Schweizerland» sei das Korps der Kantonspolizei «zum Gespött» geworden, begründete der Brugger Grossrat Hans Strahm seine Interpellation. Er und 20 Mitunterzeichner verlangten vom Regierungsrat klärende Worte.

Strahm, Redaktor der ‹Aargauischen Bauern- und Bürgerzeitung›, störte sich insbesondere an der negativen Presse. Landesweit lache man über den Aargau. Über «Kapitalfehler bei der Stadelmann-Fahndung» schrieben die ‹Basler Nachrichten›. Das von der Migros herausgegebene Sonntagsblatt ‹Die Tat› erklärte den Lesern, «wie die aargauische Polizei im Mordfall Stadelmann versagte». Wegen der «blamablen Aufklärung» lästerte das ‹Badener Tagblatt›.

«Sicher», sagte Strahm zu den Ratskollegen, die erstaunt waren über den ungewohnt harschen Ton, «unser Zeitungspapier wird nicht rot, wenn nicht die Wahrheit darauf gedruckt wird.» Statt die «sensationslüsterne Presse» zu geisseln, müssten andere Fragen «in seriöser Art behandelt» werden.

Für ihn lautete die zentrale Frage: Hatte die Polizei versagt?

Der Grosse Rat war an jenem 13. November 1957 vollbesetzt. Max Märki und Ragnhild Flater sassen seit einer Woche in Baden im Bezirksgefängnis. Von Stadelmann fehlte jede Spur. Froschmänner der Zürcher Seepolizei suchten die Reuss unterhalb der Birmenstorfer Brücke ab. Aargauer Polizisten begingen das unwegsame Ufer in der Hoffnung, die Leiche hätte sich im Gestrüpp verfangen. Und im Rat in Aarau polterte Hans Strahm, weil sich Märki der Polizei selbst gestellt hatte.

Künftig sollten die Kantonspolizisten in den Bezirken selbstständiger vorgehen, verlangte er. Bei der Rekrutierung sei Muskelkraft weniger zu gewichten als Grips. Es dürfe nicht hauptsächlich darauf ankommen, «dass einer einen möglichst einwandfreien Handstand macht». Er müsse denken können. Dann sprach Grossrat Strahm einen wunden Punkt an: «Ein Einzelner hat offenbar versagt. Ich verurteile ihn nicht, ich habe Bedauern mit diesem Mann.» Den Namen nannte er nicht, aber jeder im Saal wusste, von wem er sprach. Wen Strahm an den Pranger stellte, war vielen Aargauern klar: Peter Hüsser, Polizeisoldat, stationiert auf dem Bözberg. Hüsser hatte eine heisse Spur erkalten lassen, die direkt zum Mörder geführt hätte. «Eine peinliche Unterlassungssünde», wie eine Aargauer Zeitung schrieb.

Am 19. Oktober 1957 kam der Vertreter aus Rohr nicht nach Hause. Zwei Tage später begann die Polizei nach ihm zu fahnden. Sein Vermieter erzählte den Beamten vom Inserat, auf das sein Zimmerherr geantwortet habe, von Hans Keller, mit dem er telefoniert habe, von Fräulein Kaminski, die mit Stadelmann den Nachmittag verbracht und den Zug bestiegen habe. Polizisten befragten das deutsche Fräulein, das ihr Gespräch im Zug schilderte und betonte, ihr sei nichts Besonderes aufgefallen und Stadelmann sei wie geplant in Baden ausgestiegen.

Weder in Zurzach noch in Baden fand die Polizei an der Badstrasse einen Hans Keller. In Aarau besuchten Polizeisoldaten die Orell-Füssli-Annoncen, stellten das Schriftstück mit dem Inseratentext sicher, brachten es nach Zürich, wo Spezialisten den Zettel chemisch nach Fingerabdruckspuren untersuchten. Sie verwendeten Jod, Ninhydrin und Silbernitrat und konnten auf der vorderen Seite drei Fragmente von Fingerspuren feststellen, auf der Rückseite eine schon mehrere

Tage alte Spur. Um sie zuzuordnen, überprüfte die Polizei die Fingerabdrücke sämtlicher Personen, die mit dem Papier in Berührung gekommen waren, darunter 20 Angestellte beim ‹Aargauer Tagblatt›, sieben von Orell Füssli und 15 Polizisten, die das Schriftstück berührt hatten.

Die Forensiker wiesen die drei Abdrücke auf der Vorderseite zwei Personen zu. Der hintere Abdruck konnte erst nach der Verhaftung des Mörderpaares eindeutig identifiziert werden: Er passte zu einem Finger an der rechten Hand von Max Märki.

Am Montagnachmittag, dem 21. Oktober, meldete sich die Hausangestellte Martha Künzli* bei der Kantonspolizei in Brugg. Sie habe Stadelmann am Samstagabend gesehen, kurz nach 19 Uhr. Nach dem Kiosk habe er «Arm in Arm» mit einem ihr unbekannten Fräulein die Geleise überquert. Die Künzli errötete bei ihrer Aussage. Sie gehörte wie Stadelmann der Gemeinschaft der Sieben-Tage-Adventisten an. Und erzählte, sie habe gehofft, den Vertreter dereinst zu heiraten. «Sie waren unterwegs zum Gstühlplatz», sagte sie aus. «Das Fräulein war zwischen 20 und 22 Jahre alt, hatte braunes, gewelltes Haar, trug ein gelbes Jäckchen und einen grauen Mantel.» Mit «circa 165 Zentimeter» gab sie Ragnhilds Grösse an. «Vermutlich war sie eine Deutsche», sagte sie. Stadelmann habe mit ihr Schriftdeutsch gesprochen. An einen seiner Satzfetzen glaubte sie sich zu erinnern: «Leute, die keinen Unternehmergeist haben ...»

Eine Viertelstunde später wollte Martha Künzli die gleiche Frau in einem hellblauen DKW gesehen haben, der vom Gstühl in die Bruggerstrasse und über den Bahnübergang stadteinwärts gebogen sei. Mit dabei: zwei Männer. Einer sei Stadelmann gewesen. Ein ihr Unbekannter habe den Wagen gelenkt. Eine Freundin, die den Abend mit Künzli verbracht hatte, bestätigte ihre Aussagen.

Andere Zeugen sahen den DKW und gaben an, sie hätten deutsche Kontrollschilder erkannt. Worauf die Aargauer Kantonspolizei mit den Kollegen in Deutschland und mit Interpol Kontakt aufnahm. Die Spur führte zur Verhaftung, Befragung und Freilassung eines Unschuldigen.

Am Mittwoch, den 23. Oktober, brachte Ewald Stuck* eine Kunstledermappe auf den Polizeiposten Baden. Darin befanden sich das ‹Aargauer Tagblatt› vom 19. Oktober 1957 sowie das Amtliche Kursbuch der Schweizerischen Bundesbahnen, Ausgabe Winter 1957. Ein erstes Buchzeichen lag beim Streckenplan Bern – Zürich, ein zweites beim Fahrplan für die Strecke Wettingen – Aarau. Stuck, Bierfuhrmann der Falkenbrauerei Baden, hatte die Mappe auf der Allmendstrasse gefunden, zwischen Tankstelle und Eichtalhof. Er war in der Nacht auf Sonntag spät nach Hause gegangen und hatte sie um Viertel vor vier in der Früh aufgelesen. Erst als er in der Zeitung vom Verschwinden Stadelmanns erfahren hatte, war er auf die Idee gekommen, die durchnässte Mappe könnte wichtig sein.

Die Blutgruppe der Blutspritzer, die an Mappe und Fahrplan klebten, stimmte mit derjenigen des Vermissten überein. Zu erhärten schien sich der früh erhobene Verdacht, Stadelmann sei einem Raubmord zum Opfer gefallen.

Glaubensgenossen von Stadelmann, Siebenten-Tags-Adventisten, suchten am Mittwoch mit einer Polizei-RS das Gelände auf der Baldegg ab. Am selben Tag ging die Meldung ein, in der Mordnacht sei zwischen Mitternacht und zwei Uhr früh bei der Ruine Stein ein Knall gehört worden. «Es könnte ein Schuss gewesen sein», sagte der Bursche, der es meldete. Die Polizei rief dazu auf, Verdächtiges anzuzeigen –

Schüsse, Wagenwäsche, Geldausgaben. Tageszeitungen druckten ein Foto des Vermissten; die Polizei hoffte, jemand hätte ihn am Samstagabend gesehen.

Eine Kellnerin des Restaurants Baldegg erzählte einem Reporter, sie habe Stadelmann in ihrer Gaststube bedient. Sie habe ihn sofort erkannt, «an dem charakteristischen Bürstenschnitt». Später schrieb besagter Reporter, die Serviertochter habe sich als «Irrlicht» erwiesen.

Ins Visier der Polizei geriet Thomas Meier*, ein Zürcher, 22, Student an der ETH, der im welschen Jura den Unteroffizier abverdiente. Unter dem Pseudonym Jakob Keller hatte er im Juli beim Berner Strassenverkehrsamt einen Führerausweis erhalten. Er mietete unter verschiedenen Namen in Zofingen, Solothurn, Basel, Zürich und Bern Autos – und verkaufte sie. Der Polizei gelang es, eine Verbindung zwischen den von Meier verwendeten Namen herzustellen: Alle führten in eine Berner Maturaklasse. Das schürte die Hoffnung, man sei dem Mörder auf der Spur.

Die Sachbearbeiter der Betrugsfälle trafen sich in Aarau und entschieden, die Fahndung nach Meier auszudehnen. Sämtliche Postämter wurden angehalten, der Polizei mitzuteilen, wo ein Jakob Keller seit Juli 1957 postlagernde Sendungen abgeholt oder danach gefragt hatte. Geheim müsse die Suche bleiben, die Presse dürfe nichts erfahren. «Die Fahndung kann nur Erfolg haben, solange der Gesuchte nicht vermutet, dass er mit dem Fall Stadelmann in Zusammenhang gebracht wird», teilte das Polizeikommando Aargau in einem Schreiben den Polizeistellen mit. In Dutzenden Hotels fragten Polizisten nach, ob ein Jakob Keller übernachtet habe.

Es war Samstagmorgen, auf einem Bauernhof in Unterbözberg; sieben Tage zuvor war Stadelmann gestorben. Rudolf Schälkli nahm die ‹Allgemeine Zofinger-Zeitung› aus dem

Briefkasten, ein Wochenblatt aus dem schweizerischen Verlagshaus Ringier, das der Landwirt seit Jahren abonniert hatte. Er setzte sich in die Stube und blätterte die Zeitung durch. Vor zwei Tagen hatte er in der ‹Bauern- und Bürgerzeitung› erstmals vom Verschwinden Stadelmanns gelesen. Er kannte ihn, da der Vertreter mehrmals auf seinem Hof gewesen war und Maschinen feilgeboten hatte. Nun sah Schälkli in der ‹Zofinger Allgemeinen› ein Foto des handschriftlichen Inserates, das der Mörder bei Orell Füssli aufgegeben und das Stadelmann in gedruckter Form gesehen hatte.

Märki. Max Märki. Max. Schälkli war sich sicher. Das hat Max Märki geschrieben.

Der Bauer amtete nebenher als Betreibungsbeamter auf dem Bözberg, Märki gehörte zu seiner Klientel. Ein *Ruech*, an den er sich bestens erinnerte. Das Betreibungsamt Schöftland hatte Schälkli beauftragt, eine Pfändung gegen ihn zu vollziehen. Mehrere Gläubiger liessen Märki über ihn betreiben.

«Grüezi, Frau Märki», sagte Schälkli, als er vergangenen Mai in Märkis Haus vorgesprochen hatte. Er wollte sich über die Vermögensverhältnisse der Familie informieren. Trudi Märki kannte er von früher, da sie in Unterbözberg aufgewachsen war.

«Wo ist Ihr Mann?», fragte er. «Ich habe drei Pfändungsbegehren gegen ihn.»

«Wie viel Geld schuldet er?», wollte Trudi wissen.

«254 Franken und 15 Rappen.»

«Der Max kommt nur noch nach Hause, wenn es ihm passt», sagte sie. Schälkli schwieg, das war ihm zu privat. Was Trudi nicht davon abhielt, privat zu bleiben. «Der hat ein Verhältnis mit einer anderen, ich lasse mich scheiden.» Schälkli ging nicht darauf ein und fragte sie stattdessen, wo Max arbeite. «Bei Meister Urech in Brugg», sagte Trudi. Der Betreibungsbeamte schaute sich in der karg eingerichteten Wohnung um und fand nichts, das er pfänden konnte. Die Möbel waren unter Eigentumsvorbehalt geliefert worden.

Schälkli bestellte Märki auf den 22. Mai um 18 Uhr zu sich mit der Aufforderung, die 254 Franken und 15 Rappen zu bezahlen. Vor dem Termin hatte er Urech angerufen und sich erkundigt, wie viel Märki monatlich verdiene. Der Meister gab sich wortkarg und sagte nur, er zahle den Gipser im Akkord. «Der Lohn lässt sich nicht genau beziffern, er erscheint unregelmässig.» Es seien zwischen 300 und 600 Franken.

Pünktlich traf Märki bei Schälkli ein und setzte sich auf den Holzstuhl mit den geschwungenen Armlehnen in der Stube. Vor Kurzem war Stadelmann auf demselben Stuhl gesessen und hatte versucht, dem Landwirt ein neues Schutzdach für den Traktor zu verkaufen.

Max betonte, er könne die Schulden nicht tilgen. «Das Geld, das ich habe, brauche ich für meine Familie, davon gebe ich nichts her.»

«Dann muss ich eine Lohnpfändung vollziehen von 50 Franken pro Monat.»

«Versuchen Sie es nur!», antwortete Max und verfluchte alle Betreibungsbeamten dieser Welt. «Meister Urech wird Ihnen keinen Rappen schicken!»

«Seien Sie vernünftig, Herr Märki, Sie haben doch eine Frau und drei Kinder.»

«Wir sind in Scheidung, ich bin ausgezogen.»

«Es wäre besser, Sie würden zurückgehen zu Ihrer Familie.» Schälkli erklärte, Max müsse für die Kinder und womöglich für Trudi Alimente bezahlen. «Und Sie selbst müssen doch was essen.» Eine Scheidung erschwere alles. Zahle er die Alimente nicht, drohe ihm Zuchthaus in Lenzburg.

«Wissen Sie was? Mir ist es egal, wenn ich nach Lenzburg komme», sagte Max, stand auf, stürmte aus dem Haus und schlug die Türe mit einem Knall hinter sich zu.

Per Post stellte ihm Schälkli die Pfändungsurkunde zu. Max zahlte im Juni und im Juli je 50 Franken. Beide Male kam er vorbei und füllte ein Formular aus. Danach kam Max nie mehr. Als Schälkli bei Urech anrief, um Märkis Lohn zu pfänden, wimmelte ihn der Gipsermeister ab. «Ich verkehre nicht mit Betreibungsbeamten», sagte er. «Ich ziehe Märki nichts vom Lohn ab.»

Schälkli sandte Urech einen eingeschriebenen Brief und forderte ihn auf, die verfallenen Lohnpfändungsraten abzuliefern. Der Brief kam ungeöffnet zurück. Schälkli wandte sich an die Aufsichtsbehörden und rief Urech erneut an. «Was fällt Ihnen eigentlich ein!», sagte der Beamte. «Sie können mich nicht einfach ignorieren.» Worauf Urech ihm 100 Franken schickte.

Nun sass Schälkli in der Stube und las in der ‹Zofinger Allgemeinen› unter dem Foto des handschriftlichen Inserats die Frage: «Wer kennt diese Schriftzüge?» Im Schrank suchte er Märkis Akten. Auf dem Pfändungsprotokoll vom 22. Mai fand er dessen Unterschrift. Auf dem Doppel des Zahlungsbefehls hatte Max Rechtsvorschlag erhoben und eigenhändig zwei Zeilen geschrieben. Schälkli glaubte, im Inserat und auf dem Zahlungsbefehl die gleiche Stellung der Buchstaben erkennen zu können. Dabei war das Inserat in Blockbuchstaben, der Befehl in *Schnürlischrift* abgefasst, in der Schrift, die Schweizer Kinder in der Schule lernten.

Kein Zweifel bestand für Schälkli bei den Zahlen, den Ziffern 5 und 7 des Jahrgangs. Zehn Minuten nachdem er die Zeitung aufgeschlagen hatte, rief er Polizist Hüsser an, der den Posten Bözberg betreute. «Max Märki hat Stadelmann getötet», sagte er. «Ich habe seine Handschrift erkannt.»

Noch vor dem Mittagessen kam Hüsser vorbei, liess sich die Dokumente zeigen, dazu die Kaufverträge für die Möbel und den Citroën, die Schälkli bei sich aufbewahrte. Hüsser prüfte sie mit einem Vergrösserungsglas. «Ja, das sieht ähnlich aus», sagte er. «Um es abschliessend zu beurteilen, müsst ihr eine Schriftenexpertise vornehmen», bläute Schälkli dem Polizisten ein.

«Zuerst werde ich Märkis Alibi überprüfen», sagte Hüsser.

«Seien Sie vorsichtig, damit Herr und Frau Märki Sie nicht anlügen», warnte der Landwirt. Hüsser verabschiedete sich. Die Schriftstücke liess er zurück, was Schälkli überraschte. Trotzdem war er sich sicher, Märki würde demnächst verhaftet werden.

Zehn Tage lang hörte er nichts. Am 6. November rief er Hüsser um 8 Uhr an. Sein Vorwand war die Bewilligung einer Tombola, die er organisierte. Nachdem die Tombola geregelt war, kam er auf das zu sprechen, was ihn wirklich interessierte. «Haben Sie Märki überprüft?», fragte Schälkli.

«Ich war bei Frau Märki, muss aber noch weitere Abklärungen vornehmen.»

Am selben Abend fuhr Hüsser auf Schälklis Hof. «Märki hat sich heute gestellt. Er ist der Mörder Stadelmanns.» Für den Betreibungsbeamten war es eine leise Genugtuung. Später erfuhr er, dass Hüsser zwar bei Trudi Märki vorgesprochen, danach aber nichts mehr unternommen hatte. Eine Schriftexpertise wurde nie angefertigt. Hüsser liess den Hinweis einfach schleifen.

Wenige Stunden bevor sich Max stellte, war die Polizei überzeugt, Autobetrüger Meier als Mörder überführen zu können. Am Wochenende des 19. Oktober hatte er Urlaub gehabt und war aus dem Welschland heim nach Glattfelden gekommen. Meier wurde verhaftet und gestand, Autos gestohlen und verkauft zu haben. Ein Mörder war er nicht.

Er sei enttäuscht von der Polizei, schloss Grossrat Strahm seinen Auftritt. Viel Geld habe der Grosse Rat in den letzten Jahren dem Korps zugesprochen. «Nun fragt sich der Bürger, warum wir diese Ausgaben beschlossen, die aus sauer verdienten Steuergeldern berappt wurden, wenn doch die Mörder nicht erwischt werden und sich diese der Polizei selber stellen müssen.»

Polizeidirektor Dr. Paul Hausherr wies die Kritik zurück. Weder der Regierungsrat noch er als Polizeidirektor hätten «nur das Geringste mit dem Fahndungswesen direkt zu tun». Er beschrieb den Fall als «schweres Verbrechen», wie es «in der aargauischen Kriminalistik gottlob nur sehr wenige gibt». Die Art des Vergehens würde «sogar Schürmann und Deubelbeiss in den Schatten stellen», das marxistisch gesinnte Verbrecherduo, das zu Beginn der Fünfzigerjahre die Schweizer in Angst und Schrecken versetzt und den Begriff «Gangster» salonfähig gemacht hatte.

Hausherr lobte den Polizeikommandanten für dessen Mut, schon am Montagmorgen nach der Tat von einem Verbrechen auszugehen und das Wort «Raubmord» auszusprechen. Dabei hatte er dafür bloss spärliche Hinweise. Erst der Fund der blutbespritzten Mappe am Mittwoch gab ihm gesicherte Anhaltspunkte. Nicht die Arbeit der Polizei, sondern die Offenlegungen in den Medien seien verantwortlich für den schlechten Ruf des Korps. «Der aargauische Journalist, den ein grosser Teil von Ihnen wahrscheinlich kennt, hat während der Fahndung und nach der Verhaftung des Täters in einer Art und Weise in der ausserkantonalen Presse geschrieben, wie es weder dem Ansehen des Kantons noch der Seriosität des Schreibenden selber gut ansteht.»

Langatmig holte er aus, wie sich die Polizei nicht auf die Bevölkerung verlassen könne. So seien zwar hunderte von Meldungen eingegangen, wichtige Details aber entgangen. «Dass hier ein alter Citroën im Spiel sein könnte, davon war scheinbar nirgends die Rede – obwohl Stadelmann, die Norwegerin und ein Hund in dieses Auto eingestiegen sind, ein Vorgang also, der äusserlich die Aufmerksamkeit sehr vieler Leute hätte auf sich ziehen können.» Niemand habe den Kampf im Auto gesehen, obwohl er auf einer befahrenen Strasse stattgefunden habe. Etliche Badener müssten an der Mappe im Eichtal vorbeigegangen sein. Es habe keine Meldungen über die Wagenwäsche in Brugg gegeben. Die Täter hätten die Kleider selber gewaschen, ausser den Mantel, den die Flater in eine Reinigung in der Innerschweiz gebracht habe. «An einen Ort also, wo man dem Geschehen weniger nahe war.»

Den säumigen Landjäger, den Hüsser, beschrieb er als «unglücklichen Polizeisoldaten», dem «ein schwerer Fehler» unterlaufen sei. Wegen ähnlicher Schriften seien mehrere Meldungen eingegangen, nicht nur von Schälkli. Hüsser habe von sich aus entschieden, dem Hinweis nicht allzu weit nachzugehen. «Dieser Polizist war vermutlich innerlich restlos davon überzeugt, dass die Idee des Betreibungsbeamten zu den unbrauchbaren gehörte», sagte Hausherr. Solche seien ja «in grosser Zahl» bei der Polizei eingegangen. «Darin hat er sich gründlich geirrt.»

Schliesslich wagte Hausherr im Rat eine psychologische Deutung der Tat. Er beschrieb Max als einen Mann, der zwischen zwei Frauen geraten sei. «Da ist auf der einen Seite eine junge Frau mit drei kleinen Kindern. Dieser jungen Frau gehört der fragliche Mann. Auf ihren Mann wartet die Frau.

Das ist meines Erachtens die psychologische Situation dieser Frau», sagte der Regierungsrat. «Und auf der andern Seite steht diese junge Norwegerin, und diese wartet auf den gleichen Mann, und sie möchte Geld, um mit diesem Mann ins Ausland, nach Amerika zu verschwinden. Es braucht nicht allzu viel Phantasie, um festzustellen, dass der Mörder Märki sich zwischen diesen beiden Frauen in einer etwas misslichen Lage befand.»

Aus Sicht des Polizeidirektors war «die Situation für Märki praktisch ausweglos». Nur weil «die Norwegerin und seine junge Frau ihn deckten», habe sich der Mörder so lange vor dem Zugriff der Behörden schützen können. «Ich bin überzeugt, dass die aargauische Polizei seiner innert nützlicher Frist habhaft geworden wäre.»

Zwei Tage nachdem ihn Schälkli angerufen hatte, ging Hüsser zu den Märkis nach Unterbözberg. Da niemand zu Hause war, versuchte er es ein paar Tage später nochmals. «Was wollen Sie denn hier?», fragte Trudi, die Holz ins Haus trug. «Ihr Mann hatte einen kleinen Autounfall, das will ich abklären», sagte der Polizist. «Wo war er am Abend des 19. Oktober?»

Trudi überlegte, während sie von der Hochzeit der Schwester sprach, an der Max am 26. Oktober teilgenommen hatte. «Jetzt erinnere ich mich», sagte sie. «Am 19. war Max bei mir.»

«Ass er bei Ihnen?»

«Ja, das Abendessen.»

«Wie lange war er hier?»

«So bis um acht Uhr.»

«Und was machte er dann?»

«Er ging ins Kino.»

«Sind Sie ganz sicher, dass er erst um 20 Uhr ging?»

«Ziemlich sicher», sagte Trudi. «Wir hatten noch ein Ferienkind aus Holziken bei uns, ich werde es fragen, wenn ich es das nächste Mal sehe.»

«Dann komme ich nochmals vorbei.» Hüsser verabschiedete sich und kam nie wieder. Weder dem Posten in Brugg noch dem Kommando in Aarau hatte er rapportiert, was Schälkli ihm über die Handschrift des Inserates erzählt hatte.

Als er später befragt wurde, sagte Hüsser, Frau Märki sei nicht im besten Ruf gestanden. Deshalb habe er keine weiteren Abklärungen unternommen. «Es wurde gesagt, dass sie mit anderen Männern gehe, worüber ich selbst keine eigenen Wahrnehmungen gemacht habe.»

Totentanz

Ragnhild versteckte ihr Geld unter dem Bett. Zwei der gestohlenen Hunderter gab Max seiner Frau. Am 29. Oktober kaufte er an der Migros-Tankstelle in Unterbözberg vier aufgummierte Reifen und eine Tankfüllung. Kosten: 265 Franken. Er bezahlte mit drei Hunderternoten. Mit den restlichen 35 Franken besorgte er sich Kleinigkeiten.

Nachdem sich Max gestellt hatte, beschlagnahmte die Polizei das übrige Raubgut: vier Noten der neuen fälschungssicheren Serie, drei Tausender und einen Fünfhunderter. Kürzlich erst, am 14. Juni 1957, waren die Geldscheine herausgekommen. Die alten, noch vor dem Ersten Weltkrieg lancierten, waren vor Falschmünzern nicht sicher. Ein Jahr zuvor hatte ein Italiener derart clever gefälschte Tausendernoten hergestellt, dass nicht einmal der Kassierer der Schweizerischen Nationalbank die Blüten erkannt hatte.

Jetzt bildete das Schweizer Geld erstmals eine thematische und formale Einheit. Die Porträts auf der Vorderseite lehnten sich an die Sujets auf der Rückseite an. Plakative Zahlen und Köpfe vorne, Mahnbilder hinten. Gestaltet hatte sie der Zürcher Grafiker und Maler Pierre Gauchat. Den Tausender hielt er violett. Vorne prangt eine Frauenbüste, hinten der Totentanz. Der Sensenmann trägt ein totes Kind weg. Jungfrau wie Greis werden ins Jenseits abberufen. Weisse Lilien und die abgelaufene Sanduhr symbolisieren die Vergänglichkeit, was «vom Künstler wohl als ernste Mahnung gedacht» sei, notierte die «Neue Zürcher Zeitung». Aufreizend die Frauen, die aus dem Jungbrunnen der rotbraunen Fünfhunderternote steigen. Leicht bekleidet wandeln sie mit wehendem Haar über Blüten.

Die Nationalbank bestellte die Geldscheine bei zwei Druckereien in London, bei Waterlow und De La Rue. Die englischen Graveure waren den schweizerischen überlegen. Sie versahen die Noten mit einem von oben nach unten verlaufenden dünnen Metallfaden, um Nachahmungen zu erschweren. Ausserdem schützten die Wahl der Farben und die Druckanordnung vor Fälschern.

In den Händen hielt Gauchat seine Noten nie. Der Grafiker starb 1956 in Kairo.

Nun lagen drei violette und eine rotbraune Note unter den Mikroskopen des gerichtsmedizinischen Institutes der Universität Zürich. Zur forensischen Abklärung hatte die Aargauer Kantonspolizei 3500 Franken nach Zürich geschickt. Untersuchen sollten die Gerichtsmediziner, ob sich an den konfiszierten Scheinen Spuren von Stadelmanns Blut befanden. Die Aargauer hofften, die Täterschaft einwandfrei belegen und Max Märki und Ragnhild Flater zuordnen zu können.

Am Tausender mit der Seriennummer 1E42729 entdeckten die Mediziner auf der Rückseite am oberen Rand, bei der Sense, einen blass-rötlichen Flecken. Der Durchmesser betrug knapp einen Zentimeter. Am unteren Rand fanden sie auf dem Kleid des Todesengels einen ebensolchen daumenkuppengrossen Flecken. Zu erkennen waren Papillarlinien; vermutlich ein Fingerabdruck.

Die zweite Note, welche die Luzerner Kantonspolizei bei Ragnhild fand und die mit der Seriennummer 1E42733 versehen war, wies weder Flecken noch Blutspuren auf.

Die Tausendernote, die Max nach der Tat an sich genommen hatte, war auf der Vorderseite befleckt, mit einem ein Zentimeter langen und zwei Millimeter breiten rötlichen Spritzer. Die dritte Seriennummer – 1E42730 – deutete darauf hin, dass Stadelmann das gesamte Geld auf einmal bei der Bank bezogen und diese ihm druckfrische Werte ausgehändigt hatte.

Auf der Fünfhunderternote befanden sich keine verdächtigen Flecken.

Mit einem angefeuchteten Tupfer rieben die Gerichtsmediziner die rötlichen Flecken ab. Sofort lösten sie sich. Vermutlich waren sie nur ein paar Tage alt, höchstens wenige Wochen. Sie nahmen zwei chemische Reaktionen vor – mit Benzidin und Leukomalchit – und belegten einwandfrei: Bei allen Flecken handelte es sich um Blut. Ob menschliches oder tierisches Blut, war allerdings nicht zu ermitteln. Die Menge des sichergestellten Lebenssaftes war zu gering.

Folterkammer

Zäher Nebel bedeckte Reuss, Aare und Limmat. Mancher Reporter wäre an diesem grimmig kalten Abend lieber zu Hause gewesen, bei einem Glas Wein, einer Toscani oder einer Sullana. Stattdessen sassen etliche Journalisten im Polizeigebäude nahe des Aarauer Bahnhofs. Sie rauchten, tratschten, schnürten sich lose Krawatten straff und warteten auf Polizeikommandant Felix Simmen.

Was der Polizeichef sagen würde, wussten die Reporter bereits. Längst hatte es sich im Aargau und an vielen Orten der Schweiz herumgesprochen: Der Mörder von Stadelmann war gefasst. Präziser: Er hatte sich gestellt und war geständig. Kein Deutscher, kein Durchreisender, kein Schwerverbrecher, teilte Simmen Presse und Funk mit.

Einer von uns war es gewesen. Einer von uns hatte getötet.

Ein Gipser aus Mönthal, wohnhaft in Brugg, Vater von drei kleinen Kindern, 26, getrennt lebend, nicht geschieden. Mit seiner Geliebten, einer jungen Norwegerin, hatte er Stadelmann im Auto erschlagen, beraubt und von der Brücke zwischen Birmenstorf und Mülligen in die Reuss geworfen.

Klarheit. Endlich.

Der Mörder habe die Tat gestanden, weil er seelisch daran zerbrochen sei, sich umzingelt sah von der Polizei, die ihm immer näher gekommen sei, sagte Simmen. Mehr als 250 Alibis hätten seine Leute überprüft. Leider, hob der Kommandant hervor, «waren die Mitteilungen aus dem Publikum wertlos».

Was nicht stimmte. Ein Polizist hatte den Mörder seit Tagen gekannt, war in dessen Haus gewesen, hatte das Wrack des Citroëns gesehen. Ein Betreibungsbeamter hatte ihn auf die Ähnlichkeit der Schrift des Inserats und derjenigen auf den Schuldscheinen aufmerksam gemacht. Doch nur halbherzig war der Polizeisoldat den Indizien nachgegangen.

Zu einem späteren Zeitpunkt werde er über zwei noch offene Fragen informieren, sagte Simmen. Ob Märkis Meister der Polizei schon früher geschildert habe, wie die Flater das Auto gewaschen hatte. Und ob Märki seinen blutverschmierten Kittel in Brugg hatte reinigen lassen.

Beides machte als Gerücht die Runde, war aber falsch. Urech beobachtete zwar, wie Ragnhild am Tag nach der Tat den Citroën putzte, sprach aber nie mit der Polizei darüber. Er mochte die Behörden nicht. Einen Tag vor Stadelmanns Tod brachte ein älterer Herr, der sich bei einem Unfall verletzt hatte, einen blutbefleckten Mantel in die Reinigung. Die Besitzerin erzählte davon in der Stadt, die Städter erzählten es weiter, bis das Gemunkel zur Polizei gelangte. Tatsächlich verbrannte Märki seine Kleider oder warf sie ins *Gülleloch*. Die Flater liess den Mantel, den ihr Max geschenkt hatte, in Hergiswil in Nidwalden reinigen.

Nach der Pressekonferenz eilten die Reporter in ihre Redaktionen und fassten zusammen, was Simmen geschildert hatte. «Der grauenhafte Tod Peter Stadelmanns», titelte das ‹Badener Tagblatt› am 7. November 1957 im Regionalteil. «Der Mörder und seine Geliebte schlugen ihr Opfer mit einem Wagen-Heber bewusstlos und versenkten den Körper in der Reuss», lautete die Unterzeile. Auf der Frontseite schrieb ein Russlandschweizer über «Ein tristes Jubiläum». Der 40. Jahrestag der Oktoberrevolution sei «ein dunkler Punkt in der Weltgeschichte». Die Bilanz der Kommunisten? «Makaber».

Der Chefredaktor des ebenfalls in Baden erschienenen kleineren katholisch-konservativen ‹Aargauer Volksblatts› räumte die Titelseite für das Verbrechen frei. «Der Fall Stadelmann aufgeklärt», verkündeten grosse Buchstaben. «Stadelmann wurde auf brutale Weise in Baden von einem Paar ermordet und in Birmenstorf in die Reuss geworfen – Die Mörder verhaftet und geständig – Die Leiche des Ermordeten noch nicht gefunden.» Das ‹Volksblatt› gab die Meinung der Stammtische in Baden und Aarau wieder: «Die beiden jungen Leute müssen eine schaurige Bluttat eingestehen, die sie einzig ein paar lumpiger Tausender wegen begangen haben.»

In den folgenden Tagen schwärmten die Reporter aus, um alles über Täter und Opfer und Angehörige zu erfahren und möglichst rasch publik zu machen. Ein Journalist stieg mit einem Fotografen auf den Bözberg, um Trudi Märki und ihre Kinder auszufragen und abzubilden. «Sie haben mich belästigt, sogar an meinem Arbeitsplatz», sagte Trudi bei der Befragung vor Gericht.

Mancher Schreiber übte sich in Mutmassung, anstatt die Fakten wiederzugeben. Verwundert las Max in der ‹Schweizer Illustrierten›, er habe bereits Anfang Oktober ein Lockinserat aufgegeben, telefonisch, und dieses im letzten Moment zurückgerufen. «Stimmt es, würde ich das sofort zugeben», sagte er zum Untersuchungsrichter. «Aber es stimmt ganz sicher nicht.»

Die Illustrierte bezeichnete den Mord als «eines der grausamsten Verbrechen der schweizerischen Kriminalgeschichte». Am 11. November 1957 veröffentlichte sie ein Foto, das einen jungen Mann zeigte, der sich lässig an einen Citroën Légère anlehnte. Dazu eine längliche Bildlegende: «Der Gipser Max Märki aus Brugg, der von seiner Frau getrennt lebte und ein Kind von seiner norwegischen Geliebten erwartete, hatte den gemeinen Mordplan ersonnen, um sich und Ragnhild Flater Geld für ihre Auswanderung zu beschaffen.» Das Foto, das Jahrzehnte später mit derselben Bildunterschrift im

Internet veröffentlicht wurde, zeigte nicht Märki, sondern einen seiner Arbeitskollegen.

Gerichtspräsident Karl Willi mochte die Presse nicht. Er verachtete Spekulationen, verabscheute falsche Meldungen, verschmähte Vorverurteilungen. Als die Staatsanwaltschaft ihm die peinliche Untersuchung übertrug, richtete sich der Badener Richter am 16. November in einem öffentlichen Schreiben an die Medien. Er werde genau abklären, was die Täter getan hätten. Den persönlichen Verhältnissen werde er nachgehen, dem Vorleben der Verdächtigen, den Beweggründen der Tat. Das brauche Zeit. Bis die letzten Einzelheiten geklärt seien, werde er nicht mehr mit der Presse reden, nichts veröffentlichen. «Durch gewisse Pressemeldungen wurde nur Verwirrung gestiftet», tadelte Willi. «Es geht nicht an, dass Journalisten selbst Personen aufsuchen und diese ausfragen, um dann in der Zeitung diese Aussagen als positive Tatsachen zu veröffentlichen.» Viele seien allzu gerne bereit, etwas zu sagen, was sie nicht einmal selbst gehört oder gesehen hätten, nur um in der Zeitung den eigenen Namen zu lesen oder ihr Bild zu sehen. «Wenn diese Personen dann nachher vor dem Richter erscheinen und ihre Aussagen nach Ermahnung zur Wahrheit und unter Hinweis auf die Strafe für falsche Zeugnisse machen müssen, lauten die Aussagen oft ganz anders.»

Tatsächlich stimmte vieles nicht, was in den Zeitungen stand. Fehlten Fakten, gaben Reporter Gerüchte weiter. Vermeintliche Zeugen erzählten Dinge, die nie passiert waren. Wie die Kellnerin, die Stadelmann in der Mordnacht bedient haben wollte. Oder der Anwohner beim Gstühl, der von einem *Chlapf* – «vermutlich ein Schuss» – berichtete. Dabei war Stadelmann nicht abgestiegen. Es war kein Schuss gefallen.

Der Täter habe einen «marineblauen DKW» gefahren, die «mysteriöse Begleiterin» Stadelmanns sei eine «langgelockte Dame», die «hochdeutsch gesprochen» habe. Der Leichnam sollte abwechselnd bei Rütihof, im Würenlinger Wald und in Spreitenbach gefunden worden sein. Nichts stimmte.

Ein Blatt schrieb von 40 000 Franken Einkommen, die Stadelmann versteuert habe, fast doppelt so viel wie das durchschnittliche Einkommen von 21 670 Franken. «Für ihn bestand absolut kein Grund, aus seinem bisherigen Lebenskreis zu verschwinden.» Ein Journalist kreidete dem Vertreter eine Mitschuld an, habe der doch «ein verhängnisvolles Hobby» gehabt, sei ein Autonarr gewesen, «der immer einen neuen Wagen» habe fahren wollen, die «Autos öfters wechselte – nicht aus Händlerzweck, wie bisher angenommen, sondern wie gesagt, als Steckenpferd». Es war falsch, wie Willi herausfand. Stadelmann handelte privat mit Autos ebenso wie in seinem Beruf mit Traktoren.

Nach dem Fund der Mappe im Eichtal – «bei drei Birnbäumen am Strassenrand» – spekulierten die Zeitungen: «Das grösste Rätsel? Weshalb gelangte die Mappe dorthin!» In der «südlichen Zone Badens» sei das Verbrechen verübt worden, beweise der Fund. «Haben die Mörder, nachdem sie Stadelmann getötet und irgendwo verscharrt haben, in der Eile vergessen, auch die Mappe zu vergraben?», fragte ein Schreiberling und hüllte mangelndes Wissen in eine detailreiche Frage: «Haben die Verbrecher auf der Rückfahrt dann die Mappe mit den Blutflecken im Auto entdeckt und sich begreiflicherweise sofort dieses belastenden Gegenstandes zu entledigen versucht, indem sie ihn in voller Fahrt zum Fenster hinaus auf die Strasse warfen?»

Um an Neuigkeiten zu geraten, lobten die Zeitungen die Ermittler, ohne Handfestes zu schildern.

«Die Kantonspolizei der Posten Aarau und Baden arbeiten im Nonstop.»
«Unaufhörlich laufen von allen Seiten Meldungen ein.»
«Das Telephon schrillte Tag und Nacht.»
«Zahlreiche Personen erscheinen persönlich auf dem Wachtposten und deponieren ihre Aussagen, und alles muss durch Recherchen überprüft werden.»
«Die Polizei leistet in diesen Tagen Gewaltiges, und Schritt für Schritt dringt man in die Dunkelheit des Verbrechens vor, und unerwartet kann diese umfassende, ausdauernde Fahndung von Erfolg gekrönt sein.»
Als die Erfolge ausblieben, «prallen die Nachforschungen der Polizei an einer Mauer der Ungewissheit ab». Ebenfalls die Mauer nicht durchdringen konnten die Hellseher und Pendler, die versuchten, Tatort und Täter zu finden. «Wie man von früheren derartigen Versuchen in Kriminalfällen weiss, haben solche Methoden noch nie geholfen, ein Verbrechen aufzuklären», leitartikelte eine Zeitung.

Auf Geständnis und Verhaftung folgten in den Zeitungsspalten Kraftausdrücke. Als «Mörderpaar» galten nun Märki und Flater. «Das Verbrechen hat sich in einer ausserordentlich spektakulären Weise vollzogen.» Von «Mördertour» war die Rede, das Auto eine «motorisierte Folterkammer». Bloss «eine knappe halbe Stunde» habe «das ganze fürchterliche Massaker» gedauert. Ein Hund sei ein «stummer Zeuge» gewesen. Arbeitskollegen des tatverdächtigen Gipsers liessen sich anonym zitieren. «Ewig im Amtsblatt, aber immer mit neuen Autos, so ein Bruder war das», sagte einer über «den Bankrotteur und Mörder Max Märki».
Märki gelte es schonungslos anzufassen, lautete die Devise. «Es mag ein schöner Zug im Menschen sein, auch dem bluttriefenden Raubmörder noch Verständnis entgegenzubringen.

Oder auch, wie man hört, zur Beschönigung des Mörders vorbringen, er sei doch ein guter Gipser gewesen (!). Solchen zartbesaiteten Seelen muss immerhin gesagt werden, ob sie auch solche Sprüche klopfen würden, wenn ein eigener Familienangehöriger umgebracht worden wäre.»

Der gleiche Kommentator warnte im ‹Badener Tagblatt› vor Milde. «Wir möchten zum vornherein auf eine Tendenz hinweisen, die jetzt bereits schon im Schwunge ist und welche den blutbefleckten Mörder zu einem reuigen Sünder verklären möchte.» Vorsicht sei geboten. «Dieser Mensch, welcher auf einer mehrere Kilometer langen Fahrt den harmlosen Handelsreisenden Stadelmann, einen grundgütigen Menschen, auf derart bestialische Weise *um die Ecke brachte* – wie Märki sich selber ausdrückte –, dieser Bursche ist nicht aus jenem Süssholze geschnitzt, aus welchem gewisse Leute, verblüfft durch das Geständnis des Mörders, heute das Märtyrerbild eines reuigen Sünders formen möchten.»

Beweismittel

Ragnhild und Max verliebten sich in die Worte des Gegenübers. Fast täglich schrieben sie sich. Ihre Briefe kamen an die Eggerstrasse 6 nach Brugg, seine nach Luzern in den Tea-Room ABC am Grendel 3. Sie waren enttäuscht, nein: betrübt, wenn der Briefträger vom anderen keinen Brief brachte. Die Worte flossen und lösten die geografische Distanz auf, die zwischen ihnen unter der Woche bestand. Kaum war Max weg, schrieb Ragnhild ihm, um ihm nah zu bleiben. Nie brach ihr Dialog ab. Er war tiefgründig, dann wieder alltäglich. Er teilte ihr mit, wann er sie in Luzern abholen werde. Sie schrieb, wie kalt es sei, sie Kleider im Bett trage, damit sie nicht friere, wie müde sie sei.

Die Briefe, die sie einander nach der Tat schrieben, waren anders, der Ton nüchtern, die Worte zugeknöpft, die Sätze zurückhaltend. Was in jener Nacht geschehen war, erwähnten sie mit keinem Wort. «Darüber dürfen wir nichts schreiben», sagte Max zu ihr. «Der Polizei darf kein Beweismittel in die Hände fallen.» Einmal schrieb Max, sie dürfe nicht vergessen, ihre Haare zu kämmen und zusammenzubinden. Während der Tat hatte sie die Haare ja offen getragen. Diesen Brief musste Ragnhild zerreissen und verbrennen.

Es waren eigenartige, verklemmte Briefe. Sie schrieb, wie einsam sie sei ohne ihn. Das Mädchen, mit dem sie das Zimmer teile, sei krank, sie wolle weg aus dem ABC. Am 15. November sei ihr letzter Arbeitstag. Sie bedankte sich bei ihm für den Stoff, den er ihr geschenkt hatte, damit sie sich ein Kleid nähen konnte.

Es waren Briefe, in denen trotz vieler Worte nichts mehr stand.

Kafa

Um 19.25 Uhr am 6. November 1957 lärmte die Sirene, plötzlich stand das Fliessband still. Drei uniformierte Beamte der Kantonspolizei betraten die Halle der Turbinen-Fabrik der BBC und schritten auf die Kabine des Kranführers zu. Verwundert blickten die Arbeiter zu Max Märki senior, der seit 1941 den Kran bediente, nie einen Tag gefehlt hatte und immer pünktlich zur Arbeit erschienen war.

«Märki, Max?», fragte ein Polizeisoldat.
«Ja, um was geht es?»
«Sie sind verhaftet.»

Wenige Stunden zuvor hatte sich der Mörder von Peter Stadelmann gestellt. Die Beamten legten den 50-jährigen Kranführer in Handschellen und führten ihn aus der Halle. Der alte Märki senkte den Kopf, damit niemand sehen konnte, wie er vor Scham errötete, dabei zitterte er am ganzen Leib. Nie zuvor hatte er eine Schicht vorzeitig verlassen, jetzt tat er es mit gefesselten Händen. Hinter ihm ging ein Polizist, der in einer Tüte seine Sachen mittrug: zwei Päckli Tabak, vier Bleistifte, zwei Paar Hosenklammern, ein kleiner Spiegel, Zündhölzer und Zigarettenpapier, ein Portemonnaie mit 14 Franken und 14 Rappen, ein Messer und ein Handtuch.

Zuunterst in der Tüte lagen zwei Beutel Kafa, ein beliebtes rezeptfreies Pulver gegen Kopf- und Zahnschmerzen, Rheuma, Ischias und Hexenschuss. Arbeiter schluckten es, damit sie in der Nachtschicht nicht einschliefen und am Tag fitter waren. Eigentlich schluckten es alle. Es war das Doping ‹du jour›, ein phenacetinhaltiges Medikament, an Tankstellen, in Warenhäusern und zum Kaffee in Restaurants zu haben. Zeitungen druckten Kafa-Inserate mit dem Slogan «Hilft gegen

Schmerzen, belebt und erfrischt». Kafa war eines der vielen phenacetinhaltigen Schmerzmittel, das Schweizerinnen und Schweizer in den 1950er-Jahren zu sich nahmen. Jahr für Jahr 150 Millionen Dosen.

Manche streuten sich das Pulver zum *Zmorge* aufs *Ankebrot*. Ärzte sorgten sich, da viele süchtig waren nach Phenacetin. Sie warnten vor den Folgen, vor Nierenschäden, Reizbarkeit, Apathie, dem Verlust sexueller Lust, den psychischen Schäden. Kafa verleite zudem zu kriminellen Handlungen. Deshalb beauftragten die Mediziner das Schweizer Fernsehen, die Bevölkerung in einem halbstündigen Film aufzuklären: «Kopfwehpulver auf Butterbrot».

Auf der Fahrt nach Untersiggenthal erklärten die Polizisten dem Kranführer den Grund der Verhaftung. «Ihr Sohn hat den Raubmord an Stadelmann gestanden. Sie waren sein Hehler.» Er habe das gestohlene Geld gewechselt und sich der Beihilfe zum Raub schuldig gemacht.

«Mein Sohn ist ein Mörder?», fragte Märki.

«Ja.»

«Wer sagt das?»

«Er selber hat es heute Nachmittag zugegeben.»

Das Polizeiauto stoppte beim Hölzli, wo die Beamten die Wohnung des Verhafteten durchsuchten. «Da findet ihr nichts», sagte Märki und führte sie in den Schopf neben dem dreistöckigen Wohnhaus. Auf der Heubühne hatte er das Geld versteckt. Insgesamt lagen 1882 Franken und 25 Rappen in einer Blechdose mit der Aufschrift «Freier Aargauer», darunter die Tausendernote und die Fünfhundertnote, die sein Sohn ihm zur Aufbewahrung überlassen hatte.

«Woher haben Sie das übrige Geld?», fragte der Polizist.

«Mein Lohn.»

«Wozu brauchen Sie es?»

«Die 382 Franken und 25 Rappen sind für die Steuern bestimmt.»

«Warum verstecken Sie Bargeld auf dem Heuboden?»

«Damit meine Frau es nicht findet.» Vor Jahren hatte Frida ihm 500 Franken gestohlen, seither achtete er auf seinen Schotter. Überhaupt war es in Geldsachen schwierig zwischen Märki und seiner Frau. Er war sparsam, sie gab gerne viel aus. Nie hatte er sie betrogen, beim Geld aber war er nicht ehrlich mit ihr. Da vertraute er ihr nicht.

Der alte Max Märki war sieben, als in Sarajewo der Schuss fiel, der den ersten grossen Krieg auslöste. Sein Vater arbeitete damals in der chemischen Fabrik in Brugg, nebenbei führte er einen Hof mit Ziegen, Hühnern und Schweinen. Ohne das Kleinvieh hätte die Familie hungern müssen, jetzt mussten sie einfach mager durch. Es gab viele Mäuler zu stopfen. 18 Kinder brachte die Mutter zur Welt, sechs starben, bevor sie zur Schule hätten gehen können. Sie stammte aus dem Waadtländer Jura. Mit ihren Kindern sprach sie Französisch. Max hatte deshalb Mühe in der Schule. Er blieb acht Jahre, schaffte es aber nur bis in die vierte Klasse. Da er in Deutsch nicht mitkam, musste er jedes Jahr wiederholen.

Die Familie wohnte in Schinznach an der Aare. Die Kinder bettelten um Brot, was dem Gemeinderat nicht passte. Er ordnete an, mindestens vier fremdzuplatzieren. Max kam ins Zöglingsheim nach Olsberg im westlichen Aargau, eine Schwester ins Heim nach Kasteln, eine nach Effingen. Den tüchtigsten und stärksten Knaben verdingten die Eltern bei einem Bauern in Thalheim. Später kam Max als Knecht nach Carouge, blieb ein Jahr, begann darauf in Brugg eine Lehre als Korbflechter. Da er zu wenig verdiente, schickte der Vater ihn in die Steinfabrik Hunziker als Hilfsarbeiter.

Mit 23 heiratete er. Seine Frau betrog ihn. Das Bezirksgericht Baden gab ihr die Schuld am Scheitern der Ehe und sprach ihm bei der Scheidung beide Söhne zu. Im September 1934 heiratete Max senior seine deutsche Haushälterin und hatte mit ihr vier Töchter. Noch bevor der Zweite Weltkrieg ausbrach, erkrankte er am linken Fuss. Zwei Jahre lang war Märki arbeitsunfähig und lag mehrheitlich im Bett, der Radfahrer-Soldat wurde dienstfrei erklärt. Er erhielt eine Prothese und konnte nur noch leichte Arbeiten ausführen. Anfang 1941 verschaffte ihm Pfarrer Meier die Stelle bei der BBC in Baden. Am 31. Januar fing er an, überglücklich, weil er bei der Arbeit im Kran sitzen konnte. Er dankte es mit grossem Einsatz. «Sowohl von Fleiss und Leistung als auch mit dem Betragen von Herrn Märki sind wir bestens zufrieden», schrieb der Betriebsleiter ins Zwischenzeugnis.

Nach der Schicht fütterte er im Stall Ziegen und Kaninchen. Die Familie ass das Fleisch. Aus Ziegenmilch machte er Käse. Märki bewirtschaftete 50 Ar Pachtland und 144 Ar Bahndamm, wo sein Vieh graste. Im Winter band er aus Weiden Körbe und verkaufte sie an Bauern. Für 45 000 Franken konnte er sich 1949 im Hölzli in Untersiggenthal ein Dreifamilienhaus kaufen. Die Anzahlung von 5000 Franken hatte er sich zusammengespart. Die Vier- und die Dreizimmerwohnung in den oberen Etagen vermietete er für 80 und 55 Franken im Monat. Zu acht wohnte seine Familie im Parterre in vier Schlafzimmern.

Max Märki senior lebte sparsam. Nie mehr wollte er etwas mit dem Gericht zu tun haben, wie damals, als er seinem Arbeitgeber in Brugg eine Lötlampe, ein Schuheisen sowie ein Seil geklaut und dafür 14 Tage bedingt erhalten hatte. In Baden wurde er mit einer Woche Gefängnis bestraft, weil er einem Kollegen 45 Franken gestohlen hatte. Das war lange her, und er hoffte, die Vorstrafen würden ihm jetzt nicht angekreidet werden.

Verteilt auf verschiedenen Bankkonten hatte er 8000 Franken angespart. Genug, um den Kindern etwas zu ihrer Hochzeit zu schenken. Am 26. Oktober 1957 heiratete seine zweitälteste Tochter in Baden. Sein ältester Sohn hatte schon vor Wochen versprochen, die Gäste zu chauffieren. Er benutzte den Citroën, in dem acht Tage zuvor ein Mensch zu Tode gekommen war. Im Auto sassen seine Stiefmutter und deren Schwester sowie die beiden jüngsten Töchter.

Spuren von der Tat waren keine zu sehen. Blutflecken, die er nicht wegbrachte, hatte Max mit Mineralfarben und einer Mischung aus Blancfix und schwarzer Erde übermalt. Das Segeltuch am Dach riss er heraus. Die hinteren und vorderen Sitze sowie die Rückwand belegte er mit Wolldecken.

Er schämte sich, die Hochzeitsgesellschaft im Tatwagen zu transportieren. Aber er hatte es seiner Schwester versprochen, und ein anderes Auto konnte er nicht auftreiben. Zuletzt war er sich sicher: Niemand würde Verdacht schöpfen, alle glaubten, der nasse Rex habe den Citroën verdreckt.

Der Brautvater nahm das Velo, da der Platz in den Autos knapp war. Nach dem Festessen vergnügten sich das Brautpaar und die Gäste im Tierpark Roggenhausen in Aarau. Dem alten Märki war das zu viel, er fuhr auf den Acker, 300 Meter entfernt vom Haus, und machte Zuckerrüben aus. Max fand ihn zwei Stunden später auf dem Feld. «Du, Papi, ich muss dir etwas sagen, aber du darfst es niemandem erzählen, weder der Mutter noch Kurt», sprach ihn der Sohn an. Der Vater nickte. «Das muss unter uns bleiben.» Auf dem Bahnhofs-WC in Brugg habe er 1500 Franken gefunden. «Kannst du mir das Geld wechseln? Ich getraue mich nicht, mit grossen Noten etwas zu kaufen.»

«Warum gehst du nicht einfach zur Polizei? Dort kriegst du 10 Prozent Finderlohn, das sind immerhin 150 Franken, da kannst du ruhig schlafen.»

«In Deutschland hat einer 30 000 Mark gefunden und abgegeben, dem haben sie nur 1000 Mark Finderlohn gegeben.»

«Das stimmt nicht, der hat 3000 Mark erhalten, das stand in der Zeitung. Geh zur Polizei!»

«Das geht nicht, ich habe drei Monate bedingt, die stecken mich in den Knast.»

Max überreichte dem Vater eine Tausendernote. Der war überrascht, nie zuvor hatte er einen Schein der neuen Serie mit dem Totentanz auf der Rückseite in der Hand gehalten.

«Wie lag der *Chlotz* denn da?», fragte der Vater den Sohn.

«Offen, auf dem Boden.»

«Nicht in einem Portemonnaie oder in einer Tasche?»

«Die Noten lagen im WC auf dem Boden, deshalb sind sie ja dreckig.»

«Nur das Geld?»

«Es lag noch ein Zettel dabei, mit einer dreistelligen Zahl drauf.»

«Eine Adresse?»

«Nein. Sag niemandem etwas.» Max war zu seinem Vater gegangen, weil er der Einzige war, dem er bedingungslos vertraute. Sein Vater würde nicht misstrauisch werden. Und wenn, dann würde er es niemandem sagen, den eigenen Sohn nicht verraten.

Dem Vater war nicht geheuer, was sein Sohn erzählte. Vermutlich hat er den *Chlütter* gestohlen, dachte er. Max läuft es nicht gut, die Scheidung, die Alimente. Deshalb hatte er Erbarmen, war er bereit zu helfen. Unmöglich schien die Geschichte nicht. Früher, als er auf eigene Rechnung gearbeitet hatte, hatte er manchmal viel mehr Geld bei sich. Er nahm einen Tausender entgegen und steckte ihn in eine Metallbüchse, die er hinter einem Balken im Heuhaufen eingrub.

Seinem Sohn gab er 500 Franken in kleinen Noten. Mehr hatte er nicht. «Den Rest bekommst du später.»

Am Sonntagvormittag, dem 3. November – Laika war im Sputnik II unterwegs auf ihrer Reise in den Tod – kam Max erneut in Untersiggenthal vorbei. Sein Vater stand in der Küche, wusch die Hände, als ihm sein Sohn eine gefaltete Fünfhunderternote in die Westentasche steckte. «Bis im Dezember will ich alles gewechselt haben, dann wandere ich aus», sagte der Sohn. «Auswandern geht nicht so schnell, da musst du viele Papiere in Ordnung bringen.» Max ging nicht auf die Worte des Vaters sein. «Pass beim Wechseln auf, ich muss vorsichtig sein, der Fall Stadelmann ist ja noch nicht gelöst.» Der Vater verstand Max nicht. Was sollte dieses Geld mit Stadelmann zu tun haben? Der verschwundene Handelsreisende hatte laut Presse 4500 Franken bei sich gehabt. Von neuen Noten las er nichts. Nie hätte er seinen Sohn eines Mordes verdächtigt. Ihm fiel nur auf, wie angespannt er war. Als Max Märki senior die 500 Franken in der Metallbüchse im Heu versteckte, war er sich sicher: Mein Sohn hat das Geld gestohlen. Sein Verdacht hatte sich verstärkt, da er weder im ‹Freien Aargauer› noch im ‹Badener Tagblatt› etwas über einen hohen Verlust gelesen hatte.

Der alte Märki sass 14 Tage in Untersuchungshaft. Er schlief kaum, schlotterte tagsüber. Allenfalls Kurt traute er einen Mord zu, sicher nicht Max. Max war für ihn der Solidere. Den älteren Sohn rief er beim Wecken Max. Kurt, das war ‹Kurtli›. Max war der Starke, der Erstgeborene, Kurt der Nachzügler, der Kleinere, körperlich Schwächere.

Nach dem Verhör ersuchte er den Untersuchungsrichter, ihn aus der Haft zu entlassen. «Ich möchte wieder meiner Arbeit nachgehen, damit ich meine Stelle bei der BBC nicht verliere.» Zudem sei seine Frau nervlich angegriffen. «Es ist zu viel für sie, wenn sie die Kleintiere versorgen muss.»

Der Richter liess ihn bis zum Prozessbeginn gehen. Die BBC nahm ihn zurück. Er schämte sich, als er erstmals wieder in die Krankabine stieg. Die Scham legte er bis zu seinem Tod nicht mehr ab. Dass sein Sohn ein Mörder war, hatte ihn gebrochen.

Fischpudding

Sie kauerte auf dem Steinboden und blickte auf die verriegelte Eisentüre. Aus dem Fensterchen gelangte etwas Licht in den dunklen Raum. Ragnhild fröstelte. Ihre Nase lief. Sie hustete, und sie hatte Hunger. Ausser dem Knurren ihres Magens hörte sie nichts. Das Essen im Knast verabscheute sie. «Was ich bekomme, erbreche ich, sobald ich versuche, etwas zu schlucken», schrieb sie in einem Brief nach Norwegen. Jeweils am Morgen ass sie trockenes Brot, sonst nichts. Vor Hunger konnte sie nicht schlafen. Dann hörte sie den Betrunkenen zu, die nach einer durchzechten Nacht fluchend durch die Badener Rathausgasse zogen. Schlief sie in den frühen Morgenstunden doch ein, träumte sie von norwegischem Fisch, Kartoffeln und weisser Sauce. Bis singende, pfeifende und lachende Schulkinder sie weckten. Sie musste lachen, obwohl es ihr gar nicht darum war, lustig zu sein. «Wenn ich jetzt zehn Büchsen Fischpudding hätte, könnte ich alle auf einmal essen», schrieb sie.

Ragnhild Flater war bald 21 Jahre alt, der Boden unter ihren Füssen kalt. An der Decke woben Spinnen engmaschige Netze. Sie roch, wie schlecht sie roch. Tagsüber las sie in der immer gleichen Zeitschrift die immer gleichen Worte, sah die immer gleichen schwarz-weissen Fotos von Menschen, die sie nicht kannte. Sie hörte, wie Zellnachbarn Turmschach spielten, einander imaginäre Züge auf einem imaginären Brett zuriefen.

Kärglich kam ihr die Zelle vor. Und doch war sie froh, eingekerkert zu sein. Unerträglich waren die zwei Wochen nach der Tat gewesen. Jeden Tag hatte sie in der Zeitung über den vermissten Händler gelesen, vom Haar, von der Kleidung und der Grösse der jungen Frau, die mit ihm zuletzt gesehen worden war. Von der sie und Max gewusst hatten, dass sie diese Frau war. Sogar das Fernsehen hatte berichtet, wie Polizisten die junge Frau suchten, die Hochdeutsch sprach. Erstmals in ihrem Leben hatte Ragnhild Angst empfunden. Auf der Arbeit hatte sie mit niemandem bereden können, was sie Tag und Nacht beschäftigte. Sie war jedes Mal zusammengezuckt, als sie ihren Namen hörte. Jetzt kommt die Polizei und verhaftet mich. Als sie am Mittwoch endlich gekommen war, hatte sich die Anspannung gelöst.

Ragnhild war erstaunt, wie rasch die Meldung von der Tat in der ‹Sveits› in die norwegische Presse gekommen war. Bereits am 9. November hatte sie einen Brief von Richard erhalten, drei Tage nach der Verhaftung, am Tag nach dem ersten Verhör. Richard wusste fast alles. «Ich habe dies verdient», gestand sie ihrem Verlobten in ihrer Antwort. Sie verstehe selbst nicht, warum sie es getan habe. Gedanken seien erst nachher gekommen. Im selben Brief entliess sie Richard aus der Beziehung. «Es muss Schluss werden mit uns aufgrund des Geschehenen», schrieb sie «diesem guten Menschen», den sie mehr liebte, als er glaubte. Dem sie wünschte, er fände ein nettes Mädchen, das er heiraten könnte. Und sie bat ihn, ihr davon zu berichten, wenn er eine Auserwählte getroffen habe.

Ein norwegischer Ingenieur, der vor Jahren nach Baden gezogen war und mittlerweile eingebürgert an der Parkstrasse lebte, übersetzte alle Schreiben, die Ragnhild erhielt und die sie verschicken wollte. Er beglaubigte, die Übersetzungen gewissenhaft vorzunehmen und das Amtsgeheimnis zu wahren. Doch die Übersetzungen waren teuer. Deshalb konnte der Ingenieur bald nur noch Zusammenfassungen herstellen. Zuletzt wies ihn der Richter wegen der Kosten an, die Briefe einzig zu lesen und zu überprüfen. Solange sie nichts über die

Umstände des Verbrechens schrieb, durften ihre Briefe aus dem Gefängnis versandt werden.

Die Gattin des norwegischen Botschafters in der Schweiz bat Ragnhild, in den Befragungen «nur die Wahrheit zu sagen», dann stehe sie «auf sicherem Boden». Lügen würden alles nur verschlimmern. «Also, die Wahrheit, und nur die Wahrheit, die ganze vollständige Wahrheit», verlangte sie von ihrer Landsfrau.

Aus Rapperswil im Kanton St. Gallen meldete sich eine private Adoptionsstelle mit einem Angebot: Ein Paar aus der Ostschweiz würde gerne das ungeborene Kind der Gefangenen adoptieren. «Der gegenwärtige Gesundheitszustand der jungen Norwegerin erlaubt es nicht, dass ich mit dieser die von Ihnen aufgeworfene Frage besprechen kann», antwortete Untersuchungsrichter Willi, der jeden Brief der Häftlinge las, bevor sie ihn erhielten.

Ein norwegischer Student, der an der ETH in Zürich studierte, beauftragte ein Badener Comestible-Geschäft, Ragnhild einmal die Woche für sechs Franken frisches Obst zukommen zu lassen. Luzerns Metzger Felder*, dessen Sohn Fleischwaren in den Tea-Room ABC lieferte und Ragnhild oft gesehen hatte, sandte ihr zu Weihnachten Salami und Würste. «Wir wissen, dass Sie nicht selber schuld sind an Ihrem Unglück», schrieb Felder in einem Brieflein. «Sie sind einem schlimmen Verführer in die Hände gefallen.» Ragnhild bekam das Fleisch, den Brief aber stoppte die Zensur.

Ragnhild machte Pläne. Die Schweiz werde ich nur noch hinter Gittern erleben. Komme ich raus, darf ich nicht mehr arbeiten, dann muss ich das Land verlassen. Vermutlich fahre ich zur See.

Sie dachte an die Eltern, an die Sorgen, die sie ihnen bereitete. Wie würde sie es ihnen erklären? Dass sie einen Menschen hatte erschlagen können. Ob es die Eltern beruhigen würde, dass er noch geatmet hatte, als Max ihn ins Wasser geworfen hatte? Dass es vermutlich der Fall ins Wasser gewesen war, der ihm die Kraft zum Schwimmen genommen hatte, und er deshalb ertrunken war? Dass das Wasser ihn getötet hatte und nicht ihre Schläge?

Wo war Stadelmann? Noch hatte ihn niemand gefunden. Was, wenn er das Ufer erreicht hatte und sich im Wald aufhielt? Diesen Schimmer Hoffnung wollte Ragnhild nicht aufgeben.

Ihre Eltern würden sie hassen, sie nie mehr sehen wollen, und damit hätten sie Recht. Ihre eigene Tochter hatte sie mehr als alle anderen enttäuscht. Vater und Mutter hatten ihr ein Leben geschenkt, und sie vernichtete es. Weil Satan stärker war als Gott. Er hat mich mit derselben List verführt wie schon Eva den Adam und Kain den Abel.

Sie freundete sich mit dem reformierten Pfarrer von Baden an. Er besuchte sie oft, hörte zu, während sie redete. Sie erzählte von der schlaflosen Nacht in der kleinen Kammer in Luzern, davon, dass Gott zu ihr gesprochen habe. Sie solle hingehen und ihre Sünden nicht nur ihm, sondern allen bekennen. Sie solle ihre Strafe annehmen, er werde bei ihr sein, ihr Kraft und Stärke spenden, damit sie das ertragen könne.

«Ja, was habe ich mit Euch gemacht, liebe Mutter, lieber Vater?», schrieb Ragnhild schliesslich den Eltern. «Erst nachher dachte ich darüber nach, aber dann war es zu spät.» Erst am Abend vor dem Raub sei dieser beschlossen worden. «Und ich sollte den Wagen führen.» Vorne sei sie gesessen. «Der fremde Mann neben mir, und der andere hinten. Dann wurde auf den Kopf des Mannes neben mir geschlagen. Seither weiss ich nichts mehr.» Blut sei geflossen. Da er bei Bewusstsein geblieben sei, «wurde geschlagen und geschlagen». Sie seien zu einem Fluss gefahren, «der sehr tief unter der Brücke vorbeifliesst».

«Die Person wurde in den Fluss geworfen.»
«Er lebte noch, ganz bestimmt, denn er stöhnte und war unruhig.»
«Durch den Sturz wird er keine Kraft mehr gefunden haben zum Schwimmen. Er ertrank.»

Sie schilderte die Angst, die sie nach der Tat geplagt habe, wie erschöpft sie gewesen sei, wie sie die Polizei gefürchtet habe. Von der Wahrsagerin schrieb sie, der Frau, die in einer Teetasse gesehen habe, dass ihr Verlobter sie betrügen würde. Zuletzt ersuchte sie die Eltern, ihr ein paar Worte zu schreiben. «Ich habe einen Freund hier, und das ist der Pfarrer.»

Ragnhild dachte an Max, den sie liebte, seinetwegen sass sie ein. Sie schrieb ihm Briefe, von denen einige vom Stadthaus in den Stadtturm gebracht wurden. Viele hielt Willi zurück. Den Inhalt einiger Briefe übermittelten ihm Beamte. Sie fassten zusammen, was Ragnhild geschrieben hatte.

Am 18. Dezember wünschte Ragnhild ihrem «lieben Max» fröhliche Weihnachten. Sie dankte ihm «für alles in diesem Jahr 1957». Gute und schlechte Stunden hätten sie erlebt. «Schuld haben wir beide gehabt.» Sie verstehe ihn besser als früher, und sie verzeihe ihm alles. «Wir müssen uns an das Gute erinnern und das andere vergessen.»

Über alles habe sie ihn geliebt. Nie werde sie ihn vergessen. Immer sei er in ihren Gedanken.

«Ich höre deine Stimme und dein Lachen überall. Aber Max, ich verzeihe dir alles.»

Bevor sie das trockene Brot mit der eigenen Spucke nässte und kaute, erinnerte sie sich an die Worte «*en Guete*» oder «Mahlzeit», die Max jeweils gesagt hatte, bevor sie assen. An das Füllwörtchen «so», das er an den Anfang vieler Sätze gestellt hatte. «So, gehen wir.» «So, jetzt habe ich Durst.» «So, das habe ich mir gedacht.» An das liebevolle

«*Tschau*», das Max von den Italienern übernommen hatte, mit dem er sie und Kurt gegrüsst hatte. «Tschau Kurt.» «Tschau Ragnhild.»

Sie habe sich in die Finger gebissen, um herauszufinden, ob sie träume, schrieb sie. «Leider ist alles wirklich wahr.» Rückgängig machen könnten sie das Geschehene nicht. «Ja, Max, wir haben auf Satan gehört statt auf Gott und etwas gegen unseren Bruder gemacht.» Sie könnten einzig Gott um Vergebung bitten. Würden sie genug beten, liesse er bei beiden Gnade walten.

Sie war nicht in Norwegen, wie Ragnhild befürchtet hatte, nicht 1680 Kilometer entfernt von Max. Nur ein paar hundert Meter trennten die beiden, und doch verbrachten sie Weihnachten und Silvester allein. Das nahm sie nicht einfach so hin. Statt den Körpern sollten sich ihre Seelen vereinen, schlug sie vor. Ragnhild schrieb das gesamte Vaterunser auf Deutsch in den Brief. An Heiligabend um 21 Uhr, nach dem letzten Glockenschlag, würden beide das Gebet laut aufsagen. Sie in der Zelle im Stadthaus, er im Kerker im Stadtturm. An Silvester, beim letzten Glockenschlag um Mitternacht, werde sie Max ein gutes neues Jahr wünschen. «Und ich hebe mein Wasserglas.»

Sie bat ihn, nach dem Urteil keine Dummheiten anzustellen. Immer gut und lieb zu sein. «Probiere nie fortzulaufen, Max.» Sie beide müssten die Strafe annehmen für das, was sie getan hatten. In dieser Zeit wolle sie anderen Menschen helfen, nicht nur für die eigene Familie beten, sondern für Stadelmanns Familie. «Ich will nie mehr einem Menschen wehtun.» Ihr Herz weine. Zuletzt schlug sie Max vor, nach der Verurteilung gemeinsam an die Hinterbliebenen Stadelmanns zu schreiben. Max bat sie, den Brief genau zu lesen, und sie ermutigte ihn, «nie, nie» auszubrechen. «Sei immer freundlich, es kommt auch eine Zeit nach dieser Zeit.»

«Für immer Ragnhild.»

Max sah diesen Brief nie. Ein Gefängniswärter erzählte ihm bruchstückhaft davon, als er ihm durch die Luke in der Türe das Frühstück reichte. Max sass im Stadtturm und vermisste die frische Luft, die er beim Arbeiten auf dem Bau hatte einatmen können, die Sonne, die seine Haut gebräunt hatte. Jetzt fror er. Ob sie ihm die warmen Socken schicken könne, die sie in einer Kommode auf dem Bözberg aufbewahrt habe, ersuchte er Trudi. Sollte er Besuch empfangen dürfen, würde er gerne und so schnell wie möglich seine Kinder sehen.

Leicht fiel ihm die Haft nicht, dem quirligen Mann, dem *Sibesiech*, der sich jetzt kaum noch bewegen konnte. Aber draussen wäre er zerbrochen. Er wäre gestorben. Max wollte leben. Er lebte, weil er sich gestellt hatte.

Seine Mutter hatte die Polizei gerufen, nachdem sie in der Zeitung gelesen hatte, ihr Sohn sei geständig, einen Menschen ausgeraubt und getötet zu haben. «Der Schuft schuldet mir Geld», hatte sie dem Polizisten gesagt, der sie in Hausen bei Lengnau aufsuchte. Mit dem Schuft meinte sie ihren Sohn. Zwei Monate zuvor, es musste anfangs September 1957 gewesen sein, war Max zu ihr gekommen. Trudi sei schwanger, ein viertes Kind könne er nicht durchfüttern, habe er gesagt, als er bei der Mutter im Wohnzimmer stand. «Ich kenne einen in Luzern, der *Buschis* wegmacht.»

Sie hatte ihm 300 Franken geliehen. Nun wollte sie das Geld zurück und hatte deshalb die Polizei gerufen. Dass ihr Kind, das im Stadtturm eingebuchtet war, jetzt die Mutter brauchte, daran dachte sie nicht. Sie wollte ihre 300 Franken zurück.

Seit Anfang des 19. Jahrhunderts verwahrten die Badener ihre Gefangenen im Wahrzeichen ihrer Stadt: im Stadtturm. Ab

1839 gab es heizbare Zellen. Um 1900 fanden grössere Umbauten statt, da die Wände zwischen den Zellen 6 und 7 nicht dicht waren und Häftlinge sich durch die Ritzen Zettel zuschoben. Es mussten neue Aborte und Spucknäpfe eingebaut sowie die Gitter an den Fenstern verstärkt werden. Nach dem Umbau konnten zwölf Gefasste in Einzelhaft untergebracht werden.

Einer von ihnen war Max Märki. Er habe «schwer gesündigt», schrieb er an Trudi. «Vermutlich hasst du mich jetzt.» Er bat um Verzeihung «für all das Leid, das du durch mich ertragen hast». Er, der Atheist, fand zu Gott. «Jetzt weiss ich, dass es einen Herrgott gibt, was ich früher immer bezweifelte.» Trudi hielt er an, «die Kinder im Gottesglauben zu erziehen, und so wird es Euch immer wohl ergehen». An Heiligabend betete er nach dem neunten Glockenschlag das Vaterunser, an Neujahr hob er sein Wasserglas und dachte an Ragnhild, so wie sie es in dem Brief gewünscht hatte, von dem der Wärter ihm erzählt hatte.

Am Tag nach Neujahr schrieb er einen Brief nach Norwegen an die Mutter seiner Geliebten. «Durch das Unglück, welches ich anrichtete, habe ich Ihnen viel Leid zugefügt.» Gutmachen könne er das Geschehene nicht. «Trotzdem bitte ich Sie innigst um Verzeihung. Es wird Ihnen schwerfallen, dies zu tun. Doch gibt Ihnen Gott die nötige Kraft dazu, wenn Sie ihn darum bitten.» Er verteidigte ihr Kind. «Sie tun Ihrer Tochter Ragnhild Unrecht, wenn Sie von ihr allzu schlecht denken.» Niemals habe sie sich mit «solch teuflischen Plänen» befasst, schrieb er. «Als Grund, warum sie bei der Untat mithalf, kann ich nur erklären, dass sie es aus Liebe tat.»

Ein Freund Stadelmanns schickte Max ein Geschenk. «Es beschämt mich, niederzuschreiben, dass ich erst jetzt richtig fühlen kann, wie viel Schmerz ich seinen Mitmenschen zugefügt habe», schrieb der Mörder zurück. Er könne nicht gutmachen, was ihn quäle. «Nun, ich trage ja an allem selbst die Schuld und will deshalb nicht das geringste Mitleid.» Dem Freund des Opfers schrieb er, was er Ragnhild nie sagte, was er dem Untersuchungsrichter nicht so direkt erzählte: «Mein Gewissen hat mich nach der Tat derart belastet, dass ich es unmöglich auf die Dauer ertragen hätte.»

Zetzwil ist ein Dorf im oberen Wynental im Kanton Aargau, zu klein, um eine ganze Konfirmandenklasse zu führen. Deshalb nahm Pfarrer Leutenegger die Schülerinnen und Schüler aus Gontenschwil zum Unterricht hinzu. Als die 14- und 15-jährigen Buben und Mädchen vom Mord an Stadelmann hörten, vom Geständnis von Märki, gingen sie zum Pfarrer und baten ihn, statt über Christus über den Mord im Wasserschloss zu reden. Zwei Stunden lang sprachen sie über das Opfer und den Täter und die Täterin. Danach schrieb eine Konfirmandin einen Brief an Märki.

Zetzwil, den 3. Dez 1957

Lieber Herr Märki

Wir haben im Konfirmationsunterricht von Ihnen gehört und haben uns allerlei Gedanken darüber gemacht. Ein paar von uns wussten sogar von der Zeitung Bescheid und haben Ihr Bild gesehen. Wir können uns vorstellen, dass Sie jetzt allein sind und es Ihnen sicher schwerfallen wird. Sicher hat Sie viel Not zu dieser Tat getrieben. Sicher haben Sie im Moment keinen anderen Ausweg gefunden, obschon es das gegeben hätte. Dass Sie den Weg gefunden haben, sich zu stellen, das ist gross von Ihnen. Den einen Weg haben Sie nicht gefunden, aber den anderen. Damit sind Sie sicher wie-

der ruhiger geworden und alle anderen auch. Damit es noch ganz gut wird, wäre es schön, wenn Sie Gott um Verzeihung bitten würden und Herrn Stadelmann und seine Angehörigen, Fräulein Flater und sich selber Ihm zu Füssen legten. So könnten Sie Ihre Strafe getrost antreten.
Wir gönnen Ihnen viel Kraft und Geduld und grüssen Sie

Die Konfirmandenklassen Gontenschwil und Zetzwil

Mitten in der Nacht schritt Ragnhilds Mutter in Røyken von Zimmer zu Zimmer und versuchte zu verstehen, warum ihre Tochter in der Schweiz einen Menschen hatte töten können. Tagsüber weinte sie. Freunde besuchten sie, brachten ihr zu essen, als sei jemand aus der Familie gestorben. An drei Tagen hintereinander besuchte der Pfarrer die Eltern von Ragnhild. Sie waren benommen, verstört, nicht in der Lage, sich der Tochter mitzuteilen. Sie baten den Pfarrer, ihr zu schreiben. Nicht Vorwürfe und Urteile solle er übermitteln, sondern sagen, wie gross die Liebe sei, die sie empfinden würden. «Das Ganze wirkt vollständig unverständlich für uns», sagte die Mutter zum Pfarrer. «Wenn wir daran denken, wie lieb Ragnhild immer war.»

Die Pflegemutter aus der Oberstufenzeit griff Ragnhild an. «Du hast dein ganzes Leben zerstört», schrieb sie ihr. «Ich möchte dich lieber tot wissen.»

Stinkloch

Kurt Märki hockte in einer engen Zelle im Stadthaus, unweit von derjenigen Ragnhilds. Er war unruhig, schlief schlecht, da er sich kaum körperlich betätigte und abgestandene Luft einatmete. Die mit Stroh gefüllte Matratze knarzte. Ein «Stinkloch», beschwerte er sich bei den Wärtern. «Da könnt ihr uns ja gleich erschiessen.»

Rheumatische Schmerzen plagten ihn. Vor seiner Verhaftung hatte er sich zweimal die Woche in eines der warmen Thermalbäder von Baden gelegt, was die Qualen etwas linderte. Jetzt bat er den Gerichtspräsidenten, ihn vorzeitig in die Strafanstalt nach Lenzburg zu verlegen. Lieber im Zuchthaus als im Stadthaus. Dort könne er arbeiten und zwischendurch heiss baden. Den Eltern müsste er nicht mehr zur Last fallen. Sie besorgten ihm und Max die Wäsche, da man in der Untersuchungshaft nicht waschen durfte. Ein richtiger Mann, selbst ein Häftling, müsse seine Unterhosen reinigen, fand Kurt. In Lenzburg würde er selber waschen können.

Der Untersuchungsrichter liess Gnade walten und ordnete Ende Januar 1958 die Verlegung von Max und Kurt Märki sowie Ragnhild Flater nach Lenzburg an. «Da es nicht zu verantworten gewesen wäre, diese noch länger hier in Untersuchungshaft zu halten», schrieb Willi in einem schroffen Brief an Stadtammann Max Müller, der am Tag nach dem Tod von Peter Stadelmann von den Stimmbürgern in seinem Amt bestätigt worden war. Seit 1948 führte er Baden, bis 1973 würde er bleiben, so lange wie kein Badener Stadtammann vor oder nach ihm.

Er prägte die Stadt, die sich in den Jahren nach dem Zweiten Weltkrieg vermutlich mehr veränderte als je zuvor, die wuchs, boomte, modern wurde. Neue Strassen und Unterführungen entstanden, die Kantons- und die Musikschule, das neue Kurtheater. Für die Jugend öffnete Müller das Kornhaus, für die Kulturbeflissenen das Kellertheater und die erweiterte Stadtbibliothek.

Häftlinge schienen dem Freisinnigen gleichgültig. «Immer wieder laufen bei uns Beschwerden ein wegen der unzulänglichen Verhältnisse in unserem Bezirksgefängnis», schrieb Willi, mit einem Doppel nach Aarau an die Justizdirektion des Kantons. Er legte den Brief von Kurt Märki bei.

Müller und dessen Nachfolger liessen sich nicht beeindrucken. Noch bis 1985 dienten die Zellen im Stadtturm Baden als städtisches Bezirksgefängnis. Mit Ausnahme der Renovation des Daches im Jahr 1961 nahm die Stadt keine weiteren baulichen Massnahmen vor.

Plankton

Oberleutnant Meier blickte flussabwärts und reihte 16 Polizeirekruten entlang des Reussufers auf. «Von dieser Brücke wurde vor zwei Wochen ein Mensch ins Wasser geworfen», sagte der Kommandant. «Findet ihn!»

Am Abend zuvor hatte Gipser Märki den Mord an Stadelmann gestanden. Den Körper des Landmaschinenverkäufers habe er über das Geländer der Brücke zwischen Birmenstorf und Mülligen ins Wasser gehievt.

Meier teilte die Männer in Zweierpatrouillen auf und gab drei amerikanische Funkgeräte vom Typ Fox ab, ein viertes Handie-Talkie behielt er für sich. Vier Kilometer mass die Strecke zwischen der Brücke und dem Wehr bei der Spinnerei Windisch. Jedes Team hatte einen Abschnitt von tausend Metern Länge zu beäugen. Mit Holzstangen stocherten die jungen Männer im dichten, mit verfärbten Blättern behangenen Gestrüpp.

Bei der Brücke hielten zwei Volkswagen-Kastenwagen mit Zürcher Nummernschildern. Vier Kerle stiegen aus. Sie entluden Gummianzüge, Flossen, Sauerstoffgeräte, mehrere Bleigürtel, Taucherbrillen mit Schnorcheln, ein Gummiboot, Rettungsleinen und eine Seilwurfpistole. Polizeikommandant Simmen hatte die Froschmänner-Equipe der kantonalen Seepolizei aus Zürich um Hilfe gebeten. Die Zürcher Taucher, geübt in See, Sihl und Limmat, galten landesweit als die Besten ihres Fachs.

Die Froschmänner zogen sich im Kastenwagen um. Tauchend suchten zwei von ihnen das Flussbett unterhalb der Brücke ab. Schwimmend kontrollierte ein dritter die linke Flusshälfte bis *Chatzen*. Korporal Eugen Cereghetti sass im Boot und wies die Männer im Wasser an. Nach dem Mittagessen, das sie in einem nahen Restaurant einnahmen, suchten sie flussabwärts die rechte Seite der Reuss ab.

Am Abend packten die Froschmänner ihr Material zusammen, brachten es nach Zürich und bereiteten sich für den nächsten Tag vor. Sie reinigten die Tauchgeräte, trockneten die Anzüge, ersetzten die leeren Luftflaschen im Sauerstoffwerk. Ihr Tag hatte um sieben Uhr begonnen und endete nach 21 Uhr.

Am nächsten Morgen standen die vier Zürcher um Viertel vor acht bereits wieder an der Reuss. Der Fluss führte wegen des trockenen Herbstes mässig Wasser. Die Polizei ging davon aus, die Leiche sei stromabwärts getrieben worden, nicht weiter als bis zur Sperre bei der Spinnerei Windisch. Wegen des niedrigen Wasserstandes hielt es niemand für möglich, dass sie über die Stauanlage hinweggeschwemmt worden sei. Stadelmann, das heisst seine sterblichen Überreste, musste irgendwo zwischen Birmenstorf und Windisch im Fluss liegen.

Entlang des Ufers hatten sich Reporter und Fotografen versammelt, dazu Kinder, die nach Schulschluss an die Reuss kamen, um die Taucher zu beobachten. Pendler und Wahrsager gaben Tipps ab, wo sich die Leiche befinden könnte.

Widerwasser und Waagen – tückische Rückströmungen und grosse Wirbel – machten den Fluss unberechenbar und gefährlich. An den seichten, hellen Stellen war die Reuss bis 50 Zentimeter tief, an den dunklen bis 18 Meter. Rollkies und ganze Felsblöcke belegten das Flussbett. Beim Wehr lagerte sich Schmutz ab. Dickicht und steil abfallende Uferpartien erschwerten den Zugang. Die Wassertemperatur betrug acht Grad, die Sicht war getrübt. Pegelstand und Strömung veränderten sich oft. Stromschnellen rissen die Froschmänner von den Partien weg, die sie absuchten. Auf die übliche Sicherung mit Seilen verzichteten die Taucher, da sie herumgewirbelt worden wären. Sie liessen sich treiben und beobachteten die wilde Felsenlandschaft, die den Grund formte. Es brauchte viel Geschicklichkeit und Mut, sich im Unterwassergebirge zurechtzufinden. Kräfteraubend war der Nachschub mit Luftflaschen von den Kastenwagen zum steil abfallenden Ufer.

Da die Polizei den Leichnam beim Wehr vermutete, tauchten die Zürcher lange bei der Spinnerei Windisch. Hier war die Strömung zahmer, man konnte sich besser orientieren, was die Suche ungefährlicher gestaltete. Erfolglos blieb sie weiterhin.

Am Martinitag, dem 11. November, führte die Polizei die Tatverdächtigen zur Birmenstorfer Brücke. Voneinander getrennt erzählten und zeigten Märki und Flater – im Beisein einer aufgebrachten Menge –, wie und an welchem Ort sie Stadelmann beseitigt hatten. Am nächsten Morgen warf ein Polizist an der benannten Stelle eine eigens angefertigte Puppe ins Wasser. Sie war ungefähr so gross und schwer wie ein erwachsener Mann. Zwei Froschmänner schwammen mit der Puppe flussabwärts. An ihr befestigt war eine gelb gefärbte, gut sichtbare aufgeblähte Schweineblase. Nach 600 Metern geriet die Puppe ein erstes Mal unter Wasser, der Strom riss sie über alle Hindernisse hinweg, über Steinblöcke, Widerwasser und die Felsbarrieren unter Wasser. Nach zweieinhalb Stunden blieb die Gestalt im Rechen des Wehres hängen. Hier bei der Spinnerei musste Stadelmann untergegangen sein.

Major Simmen beschloss, die Schleusen zu öffnen. Dadurch entstünde eine starke Strömung, welche die Leiche mitreissen und gegen oder über das Wehr hinausspülen würde.

Am Sonntag um 9 Uhr gingen drei Wuhren auf. Polizeirekruten schoben Wache, ausgerüstet mit Funkgeräten und roten Flaggen. Ein Froschmann wartete einsatzbereit unterhalb der Brücke zur Spinnerei. Ein zweiter suchte die Uferpartien und die Kanalisationsleitung der Gemeinde Windisch ab. Das

Wasser sank um eineinhalb Meter, was die Suche erleichterte, den Spähern aber keinen Erfolg bescherte. Um 12.35 Uhr liess die Polizei die Schleusen schliessen.

Die Zürcher Tauchequipe blieb noch zwei Stunden im Wasser und suchte ein letztes Mal das obere Teilstück ab, da ein Wahrsager aus Gebenstorf behauptet hatte, die Leiche liege mit absoluter Sicherheit nicht mehr als 50 Meter unterhalb der Brücke. Der Wahrsager irrte. Am Abend entschieden die Aargauer Polizisten mit ihren Zürcher Kollegen, die Suchaktion vorläufig einzustellen.

Den Seepolizisten war die Enttäuschung ins Gesicht geschrieben. «Wir haben unser Bestes gegeben», sagte Cereghetti und stellte sich vor seine Männer. «Es war kalt, die Strömung stark, das Gebiet gross, die Stromschnellen waren gefährlich – es gibt keinen Grund, die Köpfe hängen zu lassen.»

Für die Suchaktion benötigten seine Taucher 59 Luftflaschen, die je 1100 Liter Pressluft fassten. An Pressluft fehlte es nicht. «Uns fehlte die nötige Dosis Glück.» Die Zürcher stellten dem Kanton Aargau eine Rechnung über 376 Franken und 90 Rappen. Dazu gehörten 59 Füllungen Pressluft zu einem Franken und 50 Rappen sowie Tagesentschädigungen für die Taucher.

Es duftete nach Herbst, nach fauligem Laub und kaltem Tau. Richtig hell war es noch nicht, als Strassenwärter Werner Frei* den allmorgendlichen Dienstgang auf der Strasse zwischen Birmenstorf nach Mülligen entlang der Reuss antrat. Jeden Vorstoss zum Wasser empfand er als Wagnis. Das dicht bewaldete Flussufer fiel steil ab, der Kiesboden war belegt mit braun verfärbten Blättern. Entlang der Bäume wuchs Efeu, an vielen haftete Moos.

Kurz nach neun Uhr, vielleicht schon halb zehn, Frei schaute nicht auf die Uhr, sah er von der Lichtung in der

Schämbelen aus ein sackartiges Objekt. Es lag auf einer künstlichen Flussstauung, 100 Meter südwestlich der alten Gipsmühle von Windisch, 2000 Meter flussabwärts der Brücke, von der Max Märki vor 41 Tagen einen Mann ins Wasser geworfen hatte. Frei erschrak. Ist das ein Mensch? War das ein Mensch?

Bei der nächstgelegenen *Beiz* rief Frei die Kantonspolizei an und meldete den Fund. Der Polizist in Brugg, der die Meldung entgegennahm, fuhr an die Reuss. Vom linken Ufer aus konnte er das Objekt nicht bestimmen. «Ich hole Lungo», sagte er zu Frei. Es war der 29. November, ein Freitag, und Peter Stadelmann wurde noch immer vermisst. Jonas Lungo*, Friedensrichter in Windisch, geübter Wasserfahrer, galt als Kenner des Wasserschlosses. Er brachte einen Feldstecher mit und suchte von der unteren Gipsmühle das Ufer ab. «Das ist ein menschlicher Körper», sagte er. «Einwandfrei.» Da lag eine Leiche. Sie lösten ein angetautes Ruderboot und stachelten zu dritt zum Maienrieslischachen. Zur Insel, die geübte Flösser auf der rechten Seite umschifften, da die linke Seite einen niedrigen Wasserstand und kleine Stromschnellen hatte, die manches Boot kentern liessen. Im Fluss schwammen entwurzelte Bäume, an der Südspitze der Insel hatte sich Treibholz gestaut.

Sechs Meter vom Inselufer entfernt lag der Leichnam. Oberkörper und Kopf befanden sich im hier seichten Wasser. Beide Beine hingen über moosbedeckten Steinen. Der Polizist band ein mitgeführtes Seil an den linken Arm des leblosen Menschen. Während Lungo zum Ufer nach Birmenstorf ruderte, zog der Polizist den mit Schlamm überdeckten Körper hinter dem Boot her. «Das darf niemand sehen», sagte er und bat den Strassenwärter, das Mülliger Reussufer zu beobachten. Den drei Männern im Boot wurde es speiübel. Die kalte Luft verstärkte den Verwesungsgeruch. Der Kopf des Menschen, den sie hinter sich herzogen, war verstümmelt.

Um 10.45 Uhr legten sie in Birmenstorf an. «Das ist Stadelmann», sagte der Polizist. «Bestimmt», meinte Lungo. Die beiden fuhren nach Brugg. Frei schob Wache. Niemand sollte sich der zurückgelassenen Leiche nähern. Wie ein schwarzes Reptil schlängelte sich die Reuss nordwärts. An seichten Stellen schimmerte sie grünlich. Über die Insel hinweg verlief leise summend eine Hochspannungsleitung, die den Bundesbahnen gehörte. Um 12.15 Uhr standen neun Männer am Fluss, alle im Anzug, mit Krawatte und Hut: der Bezirksarzt, ein Protokollführer des Bezirksamtes, drei Polizisten, Untersuchungsrichter Willi, der Prosektor sowie der Vermieter und der Schwager Stadelmanns.

Sie beugten sich über die männliche Wasserleiche, bekleidet mit einem blaugrünen Kittel, in dessen linkem Knopfloch ein schwarzer Trauerknopf steckte. Unter der Jacke erkannten sie einen ärmellosen gelben Pullover mit fünf gelben Knöpfen, ein weisses Hemd, an dem sich viereckige Perlmuttermanschettenknöpfe mit Druckknopfverschluss befanden, eine noch gut sitzende, quergestreifte Seidenkrawatte und ein baumwollenes, kurzärmeliges Unterleibchen. Hosenträger befestigten die Rundbundhose. Unterhosen trug er nicht. Der rechte Fuss steckte in einem Halbschuh mit Gummisohlen, der linke bloss noch in einer dunkelfarbigen Socke.

Das Gesicht war plattgedrückt und bedeckt mit grünbraunem Schlamm, der Mund damit gefüllt. Auf den seitlichen Gesichtspartien sahen sie Hautrisse und Schürfwunden, die bei den Schläfen bis auf die Knochen reichten. Brustkorb und Bauchgegend, Arme und Beine schienen intakt. An den Handflächen war die Haut teilweise abgeschürft, an vielen Fingern fehlte sie vollständig.

Um die nachfolgende Obduktion nicht zu beeinträchtigen, liessen sie den Schuh und die Socken am Rumpf. «Ist das Peter Stadelmann?», fragte der Untersuchungsrichter. «Ja», sagten der Vermieter und der Schwager fast gleichzeitig. Beide erkannten das gelbe Gilet.

Die Leiche wurde an das Kantonsspital Aarau überstellt. Gleichzeitig informierte die Kantonspolizei das Zivilstandamt in Rohr. Der zuständige Beamte nahm einen Eintrag in Stadelmanns Dossier vor: verstorben. Als Todesdatum nannte er den 19. Oktober 1957. Die Ursache stand noch nicht fest. Erst eine Obduktion würde zeigen, ob er durch Schläge an den Kopf oder Ertrinken gestorben war.

Strassenwärter Frei fiel zu, woran Wahrsager und Pendler, Froschmänner und Reporter während Wochen gescheitert waren: Er hatte Stadelmann gefunden. Und das ‹Badener Tagblatt› nannte den Maienrieslischachen die «Toteninsel in der Reuss».

Der kantonale Pathologe entkleidete den Leichnam. Er wog und mass ihn: 60 Kilogramm schwer und 1,82 Meter lang. Dr. Fritz Dutti* bemerkte ein aufgedunsenes Gesicht, grosse Teile des Körpers waren mit Schlamm- und Pilzrasen bedeckt, besonders am Kinn, um die Augen, bei der Nase und am Mund. Während die Behaarung auf der Brust vorhanden war, hatten sich Kopfhaut und Kopfhaar grösstenteils gelöst. Die Haut schimmerte rötlich bis grünlich und hatte sich an den meisten Stellen vom Fleisch entbunden, an den Händen mitsamt Nägeln.

Dr. Dutti wusste, was Stadelmann widerfahren war, wie Märki und Flater ihn traktiert hatten. Er studierte die Akten, allen voran die Aussagen der Tatverdächtigen. Ihre Schläge hatten sie detailliert geschildert, ebenso das Ende der Fahrt, als sie Stadelmann schwerverletzt in den Fluss geworfen hatten.

Wie war Stadelmann gestorben? Diese Frage wollte Willi geklärt haben. «Herr Dr. Dutti wird insbesondere beauftragt, festzustellen, ob Stadelmann, als er in die Reuss geworfen wurde, noch gelebt hat oder nicht», schrieb der Untersuchungsrichter. Hatte der Wagenheber ihn getötet? Oder die Reuss? Kopf und Lunge würden Antworten liefern.

Ragnhild hatte erklärt, Stadelmann habe geröchelt, als Max ihn aus dem Auto gezogen und von der Brücke in den Fluss geworfen habe. Sollte dies stimmen, musste er noch geatmet haben. Dann sollten sich Anzeichen eines Todes durch Ertrinken finden lassen. Aber Stadelmann hatte fast sechs Wochen im Wasser gelegen. Eine lange Zeit, während der Fäulnis einige Hinweise zersetzt haben dürfte.

Am Schädel zählte Dutti 15 gleichmässige Verletzungen: spalt- und spindelförmige Risswunden mit scharf gezackten und gequetschten Rändern. Sie waren unterschiedlich tief. Es gab Wunden, die nur den obersten Teil der Kopfschwarte betrafen, und solche, die am Hinterkopf bis auf die Knochenhaut reichten. Auf der linken Schädelseite gingen sie bis auf den Knochen. «Das waren Schläge, die unterschiedlich stark ausgeführt wurden», klärte der Arzt seinen Assistenten auf. «Den Hinterkopf haben sie regelrecht zerhackt und zerquetscht.» Vermutlich seien es weit mehr als 15 Schläge gewesen, die die verschieden gerichteten und ineinander verzahnten Verletzungen erzeugt hätten.

Was Dutti fand, stimmte mit den Aussagen der Verdächtigen überein und mit der Waffe, die sie verwendet hatten. Die Wunden waren «durch die Kanten- und Tangentialwirkung von Schlägen mit einer scharfkantigen und runden Fläche gegen eine Kugel erfolgt», wie er in seinem Bericht schrieb: mit dem Wagenheber eines Citroën. Nirgends fand sich eine loch- oder hiebartige Verletzung am knöchernen Schädel. «Die haben wirklich fast nur mit dem stumpfen Teil zugeschlagen», sagte Dutti, während er den Kopf abtastete. Schläge mit der Kante oder dem Griff des Wagenhebers schloss er aus.

Aus den Frakturen am Schädel quoll breiige und teilweise festere Hirnsubstanz. Der Brei war schmutzig graurot, die festere Masse an der Oberfläche schmutzig grüngraurot. Da das Hirn zu grossen Teilen ausgeschwemmt und stark von Fäulnis befallen war, konnte der Gerichtsmediziner nur die Zeichen einer Hirnerschütterung objektiv nachweisen. Massive Blutungen oder ein Schädel-Hirn-Trauma – beides tödlich – schloss er nicht aus, aber belegen konnte er es nicht mehr.

Die Todesursache klären mussten die Lungenflügel. Lag bei Stadelmann eine Ertrinkungslunge vor? Ein ‹emphysema aquosum›? Also ein Lungenemphysem, eine irreversible Überblähung der Lungenbläschen? Sollte Stadelmann lebend in die Reuss gefallen sein, würde Dutti eine solche Lunge feststellen. Sie entsteht durch Atmung unter Wasser.

Als der Pathologe den Brustkorb aufschnitt, quollen ihm die Lungen wie zwei Ballone entgegen. Unter der Pleura erkannte er stark geblähte Bläschen. Die elastischen Fasern waren gestreckt und die Wände der Lungenbläschen an einigen Stellen eingerissen. Die Schnittfläche der Lungen schien auffallend trocken und matt im Gegensatz zu den übrigen Organen. Es entsprach dem typischen Bild einer Ertrinkungslunge.

Dr. Dutti fixierte die Lungen im geblähten Zustand und behandelte sie mit Alkohol. Sofort traten an der Pleura dunkle Flecken und kleine Blutungen hervor. Es waren Paltaufsche Ertrinkungsflecken, rund ein Zentimeter im Durchmesser, benannt nach dem österreichischen Gerichtsmediziner Arnold Paltauf. Er hatte 1888 «Über den Tod durch Ertrinken» publiziert, nach Studien an Menschen und Tieren. Blutungen in den Kapillaren bilden die Paltauf'schen Flecken.

Anfangs der Fünfzigerjahre hatten ungarische Forscher gezeigt, dass beim Ertrinken in planktonhaltigem Wasser Plankton in die Lunge und in andere Organe gerät. Zweifelsfrei konnte Dutti in Stadelmanns Lungen Plankton feststellen. «Das Vorliegen der Ertrinkungslunge und der positive Planktonnachweis sprechen eindeutig für einen Tod durch Ertrinken», schrieb er im Abschlussbericht. «Stadelmann muss noch gelebt haben, als er ins Wasser geworfen wurde, und hat schlussendlich den Tod durch Ertrinken erlitten.» Was Ragnhild gesagt hatte, stimmte.

Hätte er überlebt, wenn Märki und Flater ihn am Strassenrand liegengelassen hätten? Eindeutig liess sich das nicht sagen. «Da man über die effektiven Auswirkungen des Traumas am Hirn wegen der Fäulnis nicht mehr anatomisch genau orientiert ist, braucht die Verletzung am Schädel nicht unmittelbar tödlich gewesen zu sein», schrieb Dutti im Bericht zuhanden des Gerichts. «Und sie war es ja nicht, denn sonst wäre Stadelmann nicht lebend ins Wasser gekommen und hätte nicht die Zeichen des Ertrinkungstodes gezeigt. Man muss aber angesichts der Schwere der Knochenfrakturen doch mit Wahrscheinlichkeit annehmen, dass nach menschlichem Ermessen Stadelmann die Verletzungen auf die Dauer nicht überlebt haben dürfte.»

Bei den anderen Organen erkannte Dutti nichts Krankhaftes, weder durch die innere Leichenschau noch die histologische Untersuchung. Leber, Herz, Milz und Nieren erschienen einwandfrei. Als Stadelmann starb, war er kerngesund gewesen.

In seinem Magen fand der Arzt Reste von Tomaten, vom Salat, den er am Samstag vor dem Ausflug nach Baden mit Fräulein Kaminski eingenommen hatte.

Finderlohn

Am 11. Dezember 1957 wandte sich Strassenwärter Werner Frei an das kantonale Polizeikommando in Aarau. «Da ich Stadelmann Peter in der Reuss gefunden habe, möchte ich zuerst die mir von der Kantons-Polizei Brugg zugestellten Fr. 15 bestens verdanken», schrieb er. «Da mir nun bekannt ist, dass von Verwandtenseite für das Auffinden der Leiche Fr. 1000 ausgesetzt wurden, und als Finder nur ich in Frage komme, so möchte ich Sie bitten, mir in dieser Angelegenheit eine baldige Aufklärung zukommen zu lassen.» Frei zeichnete «hochachtungsvoll».

Mit dem höflich formulierten Schreiben brachte er die Aargauer Staatsanwaltschaft in Verlegenheit. Sie war zuständig für die Zuweisung der ausgesetzten Belohnung von 1000 Franken. Anspruch erhob neben dem Strassenwärter der Betreibungsbeamte Rudolf Schälkli, der die Polizei am 26. Oktober auf Märkis Handschrift im Lockinserat hingewiesen hatte.

Stadelmanns Schwager hatte sich am 24. Oktober schriftlich an das Polizeikommando gerichtet: «Unterzeichneter bestätigt hiermit sein telefonisches Angebot, eine Belohnung von Franken eintausend demjenigen zu geben, der die entscheidende Angabe zur Auffindung vom vermissten Peter Stadelmann (tot oder lebendig) macht.»

Am selben Tag sandte das Polizeikommando Aargau den Tageszeitungen ein Schreiben. «Für Mitteilungen, die zur Ermittlung der Täterschaft führen, wird eine Prämie von Fr. 1000.– ausgesetzt. Über die Zuteilung des Betrages entscheidet die Staatsanwaltschaft des Kantons Aargau endgültig.»

«Was machen wir jetzt?», fragte Staatsanwalt Walter Real seinen Sekretär. «Es gibt offenbar eine Unklarheit zwischen dem gemachten Angebot und der veröffentlichten Mitteilung des Polizeikommandos Aargau.» Die Familie Stadelmanns hatte 1000 Franken für dessen Auffindung geboten. Die Polizei reichte das Angebot weiter: für Hinweise, die zur Aufklärung des vermuteten Verbrechens führen würden. Die Familie wollte wissen, was mit Stadelmann geschehen war, die Polizei, wer sein Mörder war.

Am Montag, den 16. Dezember 1957, berief Untersuchungsrichter Willi in Baden eine Sitzung ein. Es kamen Staatsanwalt Real, sein Sekretär, Polizeikommandant Simmen, Bruder, Schwester und Schwager von Stadelmann. Rasch waren sich die Angehörigen des Opfers einig: Die Belohnung sollten insbesondere diejenigen erhalten, die entscheidende Hinweise bei der Aufklärung der Tat hatten machen können – losgelöst davon, ob die Polizei die Hinweise tatsächlich sachgemäss abgeklärt hatte. Der Strassenwärter, der den Leichnam gefunden hatte, sollte ebenfalls belohnt werden.

Nachdem die Angehörigen auf den neusten Stand der Ermittlungen gebracht worden waren, verteilten sie das Geld auf drei Personen: auf Schälkli, der die Handschrift des Mörders erkannt hatte, auf Frei, der die Leiche auf dem Maienrieslischachen entdeckt hatte, und auf Peter, den Grenzgänger, der seinen dringenden Verdacht zuerst dem Vater und dann dem Meister unterbreitet hatte.

Den Verteilschlüssel legte der Staatsanwalt fest, nachdem er sich eingehend mit Richter Willi und Major Simmen besprochen hatte. Wobei Simmen betonte, wie peinlich es dem Polizeikommando nach wie vor sei, dass einer aus seinem Korps den klaren Hinweis von Schälkli missachtet habe.

«Schälkli hat die ersten und wichtigsten Angaben gemacht», sagte Staatsanwalt Real. «Sie wiesen in die Richtung des wirklichen Täters.»

«Bei sofortiger und sachgemässer polizeilicher Auswertung hätten sie unweigerlich zu Märki geführt», stichelte Richter Willi. Simmen schwieg, der Sekretär schrieb mit.

«Frei sah die Leiche Stadelmanns als Erster, worauf sie geländet werden konnte», führte Real aus. «Und Wolfgang Peter machte mehrfach nachdrücklich wichtige Mitteilungen, die ebenfalls zur Festnahme Märkis hätten führen sollen.» Wieder schwieg der Polizeikommandant. Noch Jahre würde man sich im Aargau, nein, in der Schweiz an den säumigen Polizisten aus seinem Korps erinnern.

Real sprach Schälkli eine Belohnung von 700 Franken aus, den anderen beiden je 150 Franken. Das Geld wurde am ersten Arbeitstag nach Weihnachten, am 27. Dezember 1957, per Postüberweisungen ausbezahlt.

Nach Neujahr meldete sich Ewald Stuck aus Münzlishausen bei Real. Er habe die Mappe von Stadelmann gefunden, schrieb der Bierfuhrmann der Falken Brauerei, und er erwarte einen Finderlohn. Er komme reichlich spät, teilte Real ihm mit, der zur Verfügung stehende Betrag sei «bereits vollständig verteilt». Allerdings wären die Voraussetzungen selbst dann nicht gegeben gewesen, hätte er sich rechtzeitig gemeldet. Real erteilte Stuck eine Lektion: «Nach Art 722 ZGB hat der Finder, welcher seinen Pflichten nachgekommen ist, Anspruch auf einen angemessenen Finderlohn.» Im vorliegenden Fall erscheine allerdings «zweifelhaft, ob diese von Ihnen aufgefundene Mappe überhaupt ‹verloren› worden ist». Sie dürfte aus dem Auto gefallen sein, als Stadelmann versucht habe, aus dem Wagen zu fliehen, «oder er muss sie fallen gelassen haben, als er dort vom Täter Märki niedergeschlagen wurde». Natürlich stehe ihm frei, sich wegen des

Finderlohns mit den Rechtsnachfolgern des Eigentümers der Mappe in Verbindung zu setzen, also mit den Erben von Peter Stadelmann. «Nachdem es sich bei der Mappe um eine solche aus Lederimitation handelt, welche lediglich eine Zeitung und einen Fahrplan enthielt, wird der Finderlohn indessen kaum viel ausmachen können.»

Mit vorzüglicher Hochachtung zeichnete «Der I. Staatsanwalt Real».

Erstmals dirigierte im Dezember 1957 eine Hilfspolizistin den Verkehr in Baden. Im Schulhaus Tannegg, im Singsaal, redeten zwei Professoren über die «Möglichkeiten und Gefahren der Atomenergie». Vor wenigen Tagen hatten 77 Prozent der stimmenden Schweizer an der Urne den Atomartikel gutgeheissen und somit den Weg für die friedliche Nutzung der Kernenergie geebnet.

Zum Jahresende schloss der Zivilstandsbeamte im Stadthaus seine Statistik ab. Er hatte 816 Geburten registriert, das waren 23 mehr als im Jahr zuvor. Ja zur Ehe hatten 245 Badener Paare gesagt, sechs mehr als 1956. Die Bestatter hatten etwas weniger zu tun. 1957 starben 228 Menschen aus Baden, ein Jahr zuvor waren es 231 gewesen.

Ein Mensch tauchte in dieser Statistik nicht auf. Anfang Dezember wurde der Handelsreisende Peter Stadelmann auf dem von Bäumen gesäumten Friedhof am Kirchweg in Rohr begraben.

Aarau

Wie Sternschnuppen verglühten die Blitze der Fotografen. Ragnhild hielt sich die Hände vor das Gesicht, damit niemand ihre Augen ablichten konnte. Sie trug gepunktete Handschuhe, den Mantel, den ihr Max einst geschenkt hatte, und Pumps mit halbhohen Absätzen. Ein Offizier der Kantonspolizei Aargau führte sie an den Reportern vorbei die Halden hinauf zur Hintertüre des neuen Ratshauses.

Max kam durch den Haupteingang, begleitet von zwei Polizisten. Chic sah er aus, das gewaschene Haar zur Seite gekämmt. Sein zweireihiger Anzug sass, das weisse Hemd war frisch gebügelt, die diagonal gestreifte Krawatte eng geschnürt. Er hinterliess den Eindruck eines forschen Sportlers. Draussen war es noch dunkel, als er kurz nach sieben Uhr mit dem Lift in den zweiten Stock fuhr und auf der Anklagebank Platz nahm.

Das aargauische Kriminalgericht hatte die Sitzung in den Schwurgerichtssaal verlegt, da Richter Dr. Arnold Schlatter einen grossen Andrang erwartete an diesem 10. Dezember 1958, einem Mittwoch. In Oslo erhielt zur gleichen Zeit der belgische Dominikanerpater Georges Pire den Friedensnobelpreis. Während des Kriegs hatte er gefährdete französische und belgische Kinder betreut.

Die Schweiz blickte nach Aarau. Vor Gericht der Gipser und seine Geliebte, beschuldigt, gemordet und geraubt, betrogen und erpresst zu haben.

Ragnhild setzte sich links neben Max. Rechts von ihm sass sein Vater, angeklagt der Hehlerei. Pünktlich um acht Uhr betrat Richter Schlatter den prallvollen Saal. Die Angeklagten erhoben sich, mit ihnen Staatsanwalt Walter Real und drei Verteidiger. Vergeblich suchte Max nach Karl Willi, dem Gerichtspräsidenten, der die Untersuchung geführt und ihm wie Ragnhild stundenlang Fragen gestellt hatte. Willi, der den Fall wie niemand sonst kannte, war erkrankt.

Vor Monaten schon hätte der Prozess stattfinden sollen. Doch Willi fand weitere Delikte, die er zeit- und kräfteraubend abzuklären hatte. Der Kreis der Angeklagten vergrösserte sich auf Kurt Märki und einen in Baden ansässigen Maurermeister. Mehrere Monate beanspruchten die psychiatrischen Gutachten zu Ragnhild und Max, die ein Team um den Chefarzt von Königsfelden erstellte.

Den Vormittag hatte Schlatter für die Plädoyers des Staatsanwaltes und der Verteidiger reserviert. Nach dem Mittagessen würde er die Angeklagten befragen. Die Urteilseröffnung erwartete man für den Abend. Aus der ganzen Schweiz waren Reporter angereist. Ein in Bonn akkreditierter norwegischer Korrespondent sass in den Rängen. Er hatte mehrere skandinavische Zeitungen zu beliefern.

Scheinbar unbeirrt und regungslos verfolgte Märki, wie der Staatsanwalt die Anklageschrift verlas. Die Flater – jung, hübsch, ein kindlich wirkender Rossschwanz – begann zu weinen, als sie hörte, was sie getan hatte. Einige Zuschauer im Saal stellten einen seelischen Zusammenbruch fest. Andere fragten sich, ob sie nicht eher einen theatralischen Affekt in die Verhandlungen tragen wollte.

Auf Mord lautete die Anklage gegen Max Märki, auf qualifizierten Raub, auf versuchte und vollendete Erpressung sowie auf betrügerischen Konkurs. Ebenso auf Führen eines Autos im übermüdeten Zustand. Ragnhild Flater wurde des Mordes und des qualifizierten Raubes angeklagt. Strafverschärfend berücksichtigte der Staatsanwalt bei Flater wiederholte versuchte Abtreibung mit untauglichen Mitteln, bei Märki die Gehilfenschaft zur wiederholten Abtreibung.

«Für mich steht ausser Frage, dass sich Max Märki und Ragnhild Flater des Mordes und des qualifizierten Raubes schuldig gemacht haben», begann der Staatsanwalt sein Plädoyer. Für beide forderte er eine lebenslängliche Zuchthausstrafe. Märki sei die bürgerliche Ehrenfähigkeit einzustellen: Er solle das Wahl- und Stimmrecht verlieren sowie keine öffentlichen Ämter mehr bekleiden dürfen. Für den Unfall im Birrfeld müsse er mit 100 Franken gebüsst werden. Flater sei 15 Jahre des Landes zu verweisen. Beide Angeklagten seien zur Bezahlung einer Genugtuung von 5000 Franken an die Geschwister des ermordeten Stadelmann zu verurteilen.

Anfänglich hätten sie nicht töten wollen, betonte Real. «Aber sie fassten diesen Entschluss, als sie erkannten, dass sich der ursprüngliche Plan nicht durchführen liess.» Dass sich Flater verfahren habe, habe eine zeitliche und örtliche Verschiebung der Tat bewirkt, das Verhalten der Täter jedoch nicht verändert. Sie hätten den Raub raffiniert geplant, «in grausamer Weise» harmoniert und gehandelt. Wissentlich und willentlich hätten sie Stadelmanns Tod herbeigeführt, unterstellte ihnen der Staatsanwalt. Obwohl sich der Handelsreisende nicht habe wehren können, widerstandsunfähig und bewusstlos gewesen sei, hätten sie weiter zugeschlagen. Zuletzt hätten sie ihn in die Reuss geworfen – «sein sicheres Ende».

Die Mordabsicht, holte Real aus, habe sich in der letzten Phase der Tat verdichtet. Die Grausamkeit, mit der Märki wie Flater die Tat ausgeübt hätten, unterstreiche ihre gefährliche und verwerfliche Gesinnung. Alles hätten sie nach der Tat getan, um Spuren systematisch zu beseitigen. Zuerst hätten sie das Auto gereinigt, dann habe Märki es ausgebrannt.

Noch in der Mordnacht hätten sie verräterische Gegenstände in der Aare versenkt.

«Es ist unverständlich, dass eine junge Frau diese Tat begangen hat, die einst Krankenschwester werden wollte», fuhr der Staatsanwalt fort. Er schilderte Max als «verschlagen und unehrlich» und begründete dies mit seiner Antwort während der Untersuchung, warum er, der geübte Boxer, Stadelmann nicht durch Faustschläge kampfunfähig gemacht habe. «Er sagte, das wäre unfair gewesen», fügte Real mit verächtlicher Stimme an. «Statt mit blosser Faust schlug er den arglosen Stadelmann mit einem gefährlichen Schlaginstrument von hinten zusammen.» In Frage kam für Real nur eine lebenslängliche Zuchthausstrafe. Die Mehrheit des Saales pflichtete ihm bei.

Nicht aber der Direktor der Heil- und Pflegeanstalt Königsfelden. Er billigte Märki für die zweite Phase der Tat eine leicht verminderte Zurechnungsfähigkeit zu. Während des Sommers hatte der Psychiater ihn und Flater befragt, Rorschach-Tests durchgeführt und ihre Schilderungen analysiert. Nachdem sich Märkis Geliebte verfahren habe, seien bei ihm eine gewisse Triebhaftigkeit und psychopathische Veranlagung durchgebrochen, erklärte der Arzt. Das habe seinen Willen beeinträchtigt. «Es führte zu einer Tat, für die er nicht mehr voll verantwortlich gemacht werden kann.»

Umgehend konterte der Staatsanwalt. «Ihr Gutachten, Herr Doktor, enthält meiner Ansicht nach keinerlei wirklichen Gründe, die eine verminderte Zurechnungsfähigkeit des Täters annehmen lassen.» Ähnliches sagte Real zum psychiatrischen Attest Flaters. Sie sei weder erblich vorbelastet noch hätten bei ihr geistige Störungen festgestellt werden können. «Ragnhild Flater ist eine unehrliche, berechnende, beherrschte Persönlichkeit», polterte der Staatsanwalt. «Sie war Max Märki sexuell nicht hörig, und sie hat nach der Tat weder

Einsicht noch echte Reue gezeigt.» Am Tag bevor sich Märki gestellt habe, habe sie ihren Geliebten aufgemuntert, standhaft zu bleiben. Ohne Not habe sie einst in Norwegen Geld gestohlen. Zwar sei Märki erblich belastet – in der Familie würden sich Fälle von Geisteskrankheit finden –, er selber aber zeige keinerlei Anzeichen. Geschäftlich wie privat sei er wegen eigenen Verschuldens gescheitert. Weil er fremdgegangen sei.

Das Plädoyer für Max Märki hielt der Badener Fürsprech Dr. Julius Binder. Er war im Februar 33 Jahre alt geworden und führte in Baden bereits eine eigene Kanzlei. Seit 1957 vertrat er die CVP im Grossen Rat des Kantons Aargau. In den Sechzigerjahren diente er im Stadtrat von Baden, wurde 1963 Nationalrat und 1979 Ständerat. Nur der Bundesrat blieb ihm verwehrt.

Der imposante Anwalt mit dem dichten dunklen Haar bezweifelte, ob der Tatbestand des Mordes gegeben sei. Viel eher sollte das Gericht auf vorsätzliche Tötung oder Totschlag befinden. Zumal Märki den Mord weder geplant noch beabsichtigt habe. Stadelmann sei in «Folge des unvorhergesehenen Ablaufs der Ereignisse» gestorben, betonte Binder. Max habe nicht töten wollen, er habe Geld gebraucht. Für die Liaison, die Alimente, die Schulden. Seine Geliebte habe sich «unglücklicherweise nie gegen den Raubplan ausgesprochen». Sofort habe sie mitgemacht. «Die Tat entwickelte sich zur grausigen Metzelei, weil Stadelmann entgegen allen Erwartungen vom ersten Schlag nicht betäubt wurde.» Erst nach dem Kampf im Eichtal, als Märki das Licht im Auto angemacht und gesehen habe, wie «schrecklich zerhackt» der Passagier gewesen sei, habe er sich entschieden, Stadelmann ins Wasser zu werfen. «Mein Mandant ist weder besonders verwerflich noch besonders gefährlich», trug der Anwalt vor. «Max Märki, Herr Staatsanwalt, war nicht, ich betone: nicht voll zurechnungsfähig.»

Binder brachte ein, es wäre zwingend notwendig gewesen, ein psychiatrisches Obergutachten einzuholen. «Märki ist latent geisteskrank», sagte er und begründete dies mit einer Aussage seines Mandanten, es sei Gottes Wille gewesen, dass er Stadelmann tötete. Nicht allein die verminderte Zurechnungsfähigkeit müsse man strafmindernd werten. «Herr Märki zeigte ernste und tiefe Reue, als er sich der Polizei stellte», so Binder. «Sein Arbeitgeber, Gipsermeister Urech, hatte den Entschluss gefördert, indem er Märki zusicherte, er werde milder bestraft, wenn er die Tat eingestehe.»

Binder beantragte eine reduzierte Strafe von 18 Jahren Zuchthaus.

Reue und verminderte Zurechnungsfähigkeit brachte Ragnhilds Verteidiger an, Fürsprech Dr. Hans Trautweiler aus Aarau, der für die FDP politisierte. Seine Mandantin sei bloss als Fahrerin vorgesehen gewesen. Nie habe sie damit rechnen können, aktiv einzugreifen. «Sie sah sich einzig in der Rolle der Gehilfin.» Erst als sie den Platz habe wechseln müssen, nachdem Stadelmann ihr an den Hals gegriffen habe, habe sie selber zu schlagen begonnen. Märki habe sie angewiesen. Sie habe Angst gehabt und sich verteidigen wollen.

Ragnhild habe sich in einem Ausnahmezustand befunden. «Sie hat immer wieder gesagt, alles sei wie ein Traum gewesen.» Zweifellos habe sie sich eines Mordes schuldig gemacht, räumte Trautweiler ein. Sie sei aber unter dem Einfluss ihres Geliebten gestanden. «Sie traute sich nicht, gegen ihn aufzubegehren.» Der Verteidiger beschrieb die Norwegerin als «charakterlich noch sehr unreifes Mädchen». Ihre Naivität belegte er mit Ragnhilds Hoffnung, Stadelmann sei im Wasser wieder zu sich gekommen, an Land geschwommen und habe sich irgendwo versteckt. «Sie liebt Märki sehr. Dass sie auf ihn hereingefallen ist, ist der Grund ihres Unglückes.» Statt mit einer lebenslänglichen Zuchthausstrafe sei sie mit zwölf Jahren und mit zehn Jahren Landesverweisung zu bestrafen.

Danach befragte Gerichtspräsident Schlatter die Angeklagten. Im Saal fiel seine bemerkenswerte Objektivität auf. Märki sprach zuerst über den Erpressungsversuch an Frau Zemp, die in Luzern eine Abtreibung durchgeführt hatte. Sein Bruder Kurt habe die Erpressung geplant, betonte Max. «Ich hätte von den verlangten 16 000 Franken nur 1000 Franken für mich behalten und den Rest meinem Bruder abgeliefert», sagte er.

Glauben mochte ihm der Richter nicht.

Max gab zu, er habe im Sommer 1957 anständig verdient. Knapp sei es geworden, weil er Ragnhild in Luzern oft besucht, nicht mehr viel gearbeitet, sie beschenkt habe.

Was habe den Ausschlag für die Tat gegeben, fragte Schlatter. «Die Schwangerschaft meiner Geliebten», sagte Max. Schilderungen aus der Zeitung hätten ihn auf die Idee für das Lockinserat gebracht. «Ich hatte vor, Stadelmann mit dem flachen Teil des Wagenhebers zu schlagen, damit er etwa 15 Minuten bewusstlos bleibt», führte Max aus. «In dieser Zeit wollte ich ihn berauben und dann neben der Strasse liegen lassen.» Nie habe er gedacht, Stadelmann würde bei Sinnen bleiben. Zudem habe er den Plan zu früh ausführen müssen, da Ragnhild sich verfahren habe. «Ich dachte, Stadelmann könnte misstrauisch werden und den Plan durchkreuzen.»

«Was machten Sie dann?», fragte der Richter.

«Dann hatte ich nur noch einen Gedanken, nämlich sofort zuzuschlagen. Danach lief alles automatisch ab», antwortete Max.

«Warum haben Sie im Eichtal weiter auf Stadelmann eingeschlagen, als dieser schon schwer verletzt auf der Strasse lag?»

«Das weiss ich nicht mehr.»

«Warum haben Sie ihn wieder ins Auto geladen und sind weitergefahren?»

«Das weiss ich nicht mehr.»

«Wann entschieden Sie, ihn in die Reuss zu werfen?»

«Als ich auf der Fahrt sah, wie schrecklich zugerichtet er war.»

«Dachten Sie, er sei schon tot?»

«Halb und halb.»

Ragnhild sprach bei der Befragung lückenhaft und unbestimmt, was einen zwiespältigen Eindruck hinterliess. Ihre Antworten waren weniger klar, wenn der zugezogene norwegische Dolmetscher sie in ihrer Muttersprache befragte. Sie redete über ihre Herkunft, den elterlichen Hof, den Getreideanbau und die Holzwirtschaft, die Kühe und die Pferde, mit denen sie aufgewachsen war. Um zu zeigen, aus welch guten Verhältnissen sie stamme, legte ihr Verteidiger ein Familienfoto vor. Auf dem abgelegenen Hof waren Vater und Sohn im Smoking, Mutter und Tochter im Abendkleid zu sehen.

Warum sie sich auf Max eingelassen habe, fragte der Richter. «Ich war einsam», erklärte Ragnhild. Und sagte vor Gericht aus, am ersten Abend in Luzern mit Märki intim gewesen zu sein. «Max war freundlich, ich fasste sofort eine tiefe Zuneigung zu ihm.» Sie anerkannte, sich leichtfertig verhalten zu haben, da sie einer Wahrsagerin geglaubt habe, die gesagt habe, ihr Bräutigam sei ihr untreu.

«Warum haben Sie sich nicht von Herrn Märki gelöst, als sie erfuhren, dass er andere erpresste und kriminelle Absichten verfolgte?», fragte der Richter.

«Weil ich ihn sehr geliebt habe.»

Sie verneinte die Frage des Richters, ob sie nicht erschrocken sei, als Märki ihr vorgeschlagen habe, andere Männer anzulocken, um sie zu erpressen.

Sie sei von Märki informiert worden, als dieser das Lockinserat bereits aufgegeben habe. Danach habe sie sich bei der Planung beteiligt und Vorschläge gemacht.

«Warum haben Sie auf Stadelmann eingeschlagen?»

«Das weiss ich nicht mehr.»

«Warum halfen Sie mit, ihn zu ertränken?»

«Das weiss ich nicht mehr.»

Sie konnte nicht sagen, weshalb sie nach der Tat kaum Bedauern gezeigt hatte, weshalb sie in Briefen gelogen, weshalb sie fröhlich gelacht hatte, als ihr Chef in Luzern gesagt hatte, sie komme als Täterin in Frage.

«Hatten Sie Angst vor Max Märki und dessen Brutalität?», fragte der Richter.

«Nein, ich hatte nie Angst vor Max.»

Max' Vater gestand, er habe angenommen, sein Sohn habe das Geld gestohlen, das er ihm flüssiggemacht habe. Er habe mit «einem gewöhnlichen Diebstahl» gerechnet, nicht mit einem Raubmord.

Der Tag zog sich hin. Kurz vor 19 Uhr begannen die Richter die Beratung hinter verschlossenen Türen. Um 22 Uhr eröffnete das Kriminalgericht das Urteil.

Max Märki: schuldig.

Ragnhild Flater: schuldig.

Max Märki senior: schuldig.

Das Gericht billigte keinerlei strafmildernde Gründe für Max, weder seine Reue noch die Selbstanzeige. Er erhielt eine lebenslängliche Zuchthausstrafe. Zudem verlor er die bürgerliche Ehrenfähigkeit während zehn Jahren nach einer möglichen Entlassung aus dem Strafvollzug.

Ragnhild hingegen sei «ihres Willens nicht mehr voll mächtig» gewesen, nachdem sie in der St. Ursusstrasse den Platz habe wechseln müssen, urteilten die Richter. Danach habe sie sich in einem Abwehrakt gesehen. Dieser Situation sei ihre «unreife, infantile Persönlichkeit» nicht gewachsen gewesen. Als strafmindernd stuften sie die Abhängigkeit von Max ein. «Sie fühlte sich schwanger und wurde dadurch noch mehr an den Schwängerer gebunden.» Statt lebenslänglich erhielt sie 15 Jahre Zuchthaus und zehn Jahre Landesverweisung.

Den Erben Stadelmanns mussten Max und Ragnhild 5000 Franken bezahlen sowie für den entstandenen Vermögensschaden von 535 Franken und 62 Rappen aufkommen.

Märki senior wurde zu drei Monaten Gefängnis verurteilt, bedingt erlassen auf zwei Jahre.

Der Gerichtsreporter des ‹Badener Tagblatts› vermerkte «mit Genugtuung, dass das Gericht die Möglichkeit gefunden hat, die Strafen der beiden Haupttäter nach ihrem Verschulden und ihrer Persönlichkeit abzustufen». Was viele begrüssten. «Weil gerade die Leute aus dem einfachen Volk, die vor allem im Zuhörerraum sassen, instinktiv fühlten, dass bei diesen beiden Angeklagten nicht von einem völlig gleichwertigen Verschulden gesprochen werden könne», hielt die NZZ fest. «Ohne den verhängnisvollen Einfluss Max Märkis wäre Ragnhild Flater nicht zur Raubmörderin geworden.»

Die Polizei führte Ragnhild und Max ab. In verschiedenen Autos kamen sie zum sternenförmigen Bau der Strafanstalt

Lenzburg. Max Märki senior blieb auf freiem Fuss und setzte sich am nächsten Morgen in den Führerstand eines Krans der BBC.

Am selben Tag wählte die vereinigte Bundesversammlung in Bern Traugott Wahlen von der Bauern-, Gewerbe- und Bürgerpartei zum Bundesrat. Die Wahl des Architekten der «Anbauschlacht» war nötig geworden, da der amtierende Justizminister am 3. November 1958 unerwartet gestorben war. Markus Feldmann hatte in einem Taxi auf dem Weg ins Bundeshaus einen Herzinfarkt erlitten.

I.L.D.

Hast du gewusst, dass es eine Stadt gibt namens Max? Sie liegt in North Dakota, U.S.A. Norwegen kenne ich bald auswendig.

Mit blauem Kugelschreiber schrieb Max diese Sätze auf ein liniertes Blatt. Er sass in seiner Zelle, 7,1 Quadratmeter Fläche, neben ihm lag der Atlas der Welt, ein grosses, dickes Buch. Dessen Namensverzeichnis listete alle Städte, Flüsse, Gebirge, Inseln, Vulkane und Landschaften der Welt auf. Max suchte nach Max, und er suchte nach Orten in Norwegen, von denen Ragnhild erzählt hatte, als sie frei gewesen waren und ihnen alles offengestanden hatte. Norwegische Ortsnamen klangen Deutsch, fiel ihm auf.

Der Atlas war ihr Ostergeschenk. «Da denke ich während Jahren an Bücher, die ich mir nicht leisten kann, und dann kommst du, gibst deinen bescheidenen Lohn her und erfüllst mir Wünsche, die ich nie ausgesprochen habe», schrieb Max im Mai 1963. «Du bist so lieb und gut zu mir, Ragnhild.» Mit dem Atlas erforsche er Vegetationsgebiete und Meeresströmungen, Religionen und Bevölkerungsdichten. «Du darfst mir nichts mehr kaufen», bat er sie im selben Brief. «Bitte, liebe Ragnhild, wenn du vor der Entlassung stehst, wirst du froh sein, wenn du über etwas Bargeld verfügst. Ich kann ja nicht für dich sorgen, so gerne ich das tun möchte.»

Max war ein unauffälliger Gefangener. Mit anderen redete er kaum. Er war der Meinung, die meisten in Lenzburg, Zuchthäusler wie Aufseher, würden unvernünftige Sachen sagen, über die Liebe, die Religion, die Politik. Dass er kaum noch Rechte hatte, erfuhr er, als ihn ein Gefangener in der Küferei beleidigte. Er beschwerte sich bei einem Wärter, der ihn auslachte und wegschickte. Fortan nahm er jede Ungerechtigkeit stoisch hin. Kein Mensch wird mir helfen, das kam noch nie vor. Warum sollte es im Zuchthaus anders sein? Er krampfte, erledigte ordentlich und zügig, was man von ihm verlangte. Und er las viel, vorwiegend historische Bücher. «Pizarro und seine Brüder» verschlang er. Ein Buch über die Eroberer, das Inkareich und die spanisch-amerikanische Welt. Die Mayas waren vornehm und stolz, bauten Tempel und Pyramiden, pflanzten Baumwolle, Mais, Bohnen, Süsskartoffeln und Kakao an, lange vor den Europäern. Sie spielten Ball, nicht wegen der körperlichen Ertüchtigung, sondern um den Lauf der Welt und die Bewegung der Gestirne darzustellen.

Romane gefielen ihm, aber nicht die sentimentalen, sondern die aufregenden. Männer mussten bei ihm männlich, Frauen weiblich sein, da hatte sich Max im Gefängnis nicht verändert.

Bald sechs Jahre sass er nun hinter Gittern. Nie hatte er aufgehört, an Ragnhild zu denken. Als schaue er sich einen Endlosfilm an, sah er Bilder der gemeinsamen Zeit in der Schweiz. Im Atlas öffnete er die Seite mit Skandinavien und suchte nach Røyken. Er stellte sich vor, wie Ragnhild vor einem halben Dutzend Jahren mit vermutlich wundem Herzen in Kongsberg den Zug bestiegen hatte, hoffnungsvoll und ängstlich. Sein Zeigefinger strich über die Landkarte hinunter zur Nordsee. Er sah, wie sie in Kristiansand an Bord eines Schiffes ging, das sie im dänischen Hirtshals wieder verliess. Wälder, Ebenen und Berge zogen an ihr vorbei, Hamburg, Frankfurt, Basel, Olten. Am Bahnhof von Luzern winkte sie ein Taxi herbei, das sie über die Reuss brachte. Ragnhild konnte nicht ahnen, wie kurz der Weg zum Tea-Room ABC war, nicht mehr als 300 Meter.

Zuletzt suchte Max das bernische Emmental und das aargauische Lenzburg. «Wie verlockend nah ist Hindelbank auf der Europakarte. Der Raum zwischen dir und mir ist so winzig klein, dass ich mir fast bewusst die Arme stillhalten muss», schrieb er. Damit er nicht versuchte, sie zu umarmen.

Er vermisste sie, seit der letzten Begegnung am 10. Dezember 1958 in Aarau. Nach dem Schuldspruch gewährte ihnen der Richter einen kurzen gemeinsamen Moment. Sie küssten sich, nicht innig, sondern zärtlich, berührten sich mit den Händen. Danach stiegen sie getrennt in zwei Polizeiautos, die sie nach Lenzburg fuhren. Er kam im Männerflügel unter, sie bei den Frauen. Alle wussten von der Liebe zwischen Mörderin und Mörder, Norwegerin und Mönthaler. Zwei Jahre lang durften sie einander nicht schreiben. Sie taten es trotzdem. Häftlinge schmuggelten für sie beschriebene Zettel. Boten richteten Liebesbekenntnisse aus. Sie empfahlen sich Bücher, erzählten vom Gefängnisalltag, was sie assen, wem sie vertrauten, was sie arbeiteten. Beide empfanden den Strafprozess in Aarau als unfair. Ragnhild, weil der Richter und die Anwälte sie nicht gekannt, nicht verstanden hätten, wer sie wirklich waren. Max, weil die Anwälte Marionetten statt Männer und sie beide kleine Würstchen gewesen seien. Man hat mir irrtümlich einen vorsätzlichen Mord vorgeworfen, sagte sich Max. Damit man mich lebenslänglich verurteilen konnte. Für das Volk bin ich ein Mörder. Dabei wollte ich nicht töten.

Sie schworen sich ewige Liebe und endeten die geschmuggelten Briefe mit drei Buchstaben: I.L.D. Ich liebe dich. Ihr Name höre mit denselben Buchstaben auf, bemerkte Ragnhild und schrieb es an Max, «ild», gefolgt von einer Bitte: «Vernichte diesen Brief, versprich es mir.» Nie würde sie erzählen, wer ihnen mit dem Schmuggel der Briefe half, das hatten sie und Max ausgemacht.

Beide besassen Gegenstände, die sie berühren konnten, und hofften, damit einander zu berühren. Ragnhild legte die

Blüte einer Blume in ein Buch und sandte es Max. Er nahm die gepresste Pflanze und klebte sie an die Wand. Über einen befreundeten Gefangenen schmuggelte er ein Bild von sich zu ihr. Sie trug es im Büstenhalter. Niemand sollte es ihr abnehmen. Ein zweites Foto von Max hatte sie dem Koffer entnommen, den die Kantonspolizei Luzern mit ihr nach Aarau gebracht hatte. Sie hatte es in die Unterhose gesteckt und unbemerkt ins Gefängnis gebracht.

Max schrieb traurigere Briefe als Ragnhild. Er würde länger hinter Gittern sein als sie, und er hatte Angst, sie zu verlieren, weil er immer alles verloren hatte, das ihm lieb war. «Glaubst du wirklich, dass du später nach Norwegen fahren musst?», fragte er. Er konnte sich damit nicht abfinden. «Wenn die Heirat wirklich ausgeschlossen ist und du heimkehrst, bist du für mich sehr wahrscheinlich verloren.» Er fürchtete den Zorn ihrer Eltern. «In den Augen deiner Leute werde ich immer ein Verbrecher sein. Sie werden dich so lange bearbeiten, bis du mich verlässt.»

Max zählte ihre und seine Jahre. Sie kommt nach zehn Jahren raus, dann wird sie des Landes verwiesen, hatte man ihm erzählt. Er müsse mit 20 Jahren rechnen, erklärte ihm der Gefängnisdirektor, vielleicht länger. Mach dir keine falschen Hoffnungen. Das ist jetzt eine andere Generation, die in Aarau bestimmt. Einmal sagte der Direktor: Dich wird man überhaupt nie mehr freilassen.

«Harte Worte, gell», schrieb er an Ragnhild. «Sie treffen wie Dolche. Aber sie wirken nicht tödlich, solange ich an dich glauben kann.»

Später, als Ragnhild in Hindelbank und Max in Lenzburg war, durften sie einander jeden zweiten Sonntag des Monats schreiben.

Als Bestie empfand Max nun die Liebe, die er nicht leben konnte, die aber nicht verstummen wollte. Ein wildes Tier, das es zu bändigen galt, einzusperren, notfalls zu ersticken. Niemand anderes sollte es haben. «Eines sage ich dir, liebe Ragnhild», drohte er. «Wenn es so weit ist, wenn du frei bist, mach keine Dummheiten. Sollte ich alles Zukünftige überleben und dich finden, dann wehe uns, wenn du mich betrogen hast.» Der Direktor der Strafanstalt von Hindelbank ermahnte seinen Kollegen in Lenzburg, künftig einzugreifen und keine solchen Briefe mehr durch die Zensur zu lassen. «Fräulein Flater soll ja nach ihrer Entlassung frei entscheiden können und ihren neuen Weg suchen.»

Ragnhild war zur Obsession geworden. Einmal im Monat bat Max den Gefängnisdirektor, ihn zu beurlauben, um nach Hindelbank reisen und sie treffen zu können. Nie kam er damit durch.

«Warum helfen Sie mir nicht?», fragte Max den Direktor.

«Ist ein Gefangener dermassen entrechtet, dass er sich nicht mehr wehren darf?»

«Was soll ich denn noch tun?»

«Es gibt doch sicher eine Lösung.»

«Sie kennen uns wie kein Zweiter, Sie wissen, wie wir sind. Wir hatten einfach unsagbares Unglück, wir sind nicht kriminell, das wissen Sie so gut wie wir. Oder haben Sie Angst, es könnte wieder etwas passieren, wenn wir einmal zusammen sind?»

«Ich bin nicht mehr derselbe. Nicht mehr dieser abergläubische Mensch von früher.»

«Sie sind doch Ehemann und Vater, Sie wissen, was Liebe ist.»

Auf dem Weg nach Hindelbank könne er ihn in Ketten legen, begleitet von einem Heer bewaffneter Polizisten.

«Selbstverständlich komme ich für sämtliche Kosten auf», bot Max an. Alles Geld, das er im Gefängnis verdient hatte, würde er hingeben, um Ragnhild zu sehen.

Solche Sehnsucht empfand die Norwegerin nach acht Jahren hinter Gittern nicht mehr. Ihre Liebe war erkaltet. Es war 1965, in Amerika John F. Kennedy erschossen worden, der Präsident, der einen Mann auf den Mond entsenden und so die Schmach von Laika vergessen machen wollte. Noch zwei Jahre, dann würde sie frei sein. Ragnhild würde nach Norwegen fahren, der Schweiz fernbleiben und Max nie mehr sehen. Damit hatte sie sich abgefunden und tat das, was Max ihr in seinen Briefen empfahl: «Sei immer tapfer, immer vorwärts.» Jetzt war sie bereit, nach vorne zu blicken.

Als sie 1958 in die Strafanstalt Lenzburg gekommen war, hatte sie nur mit Max sein wollen. Einmal hatte sie in ihrer Zelle eine Schüssel und einen Teller zertrümmert, weil sie keinen Brief von ihm erhalten hatte.

Sie befreundete sich mit Frau Kehm*. Die Schweizer Gefangenen und die Aufseherinnen mochten sie und Ragnhild nicht, da sie beide Ausländerinnen waren. Frau Kehm war schon ein paar Jahre in Lenzburg, sie konnte sich etwas freier bewegen, traf andere Häftlinge in der Wäscherei und im Nähsaal. Die Deutsche hörte sich um, ob Max für Ragnhild eine Nachricht geschmuggelt hatte. Einmal schnappte sie auf, wie Max dem Direktor erzählte, wie sehr er Ragnhild liebe und nie von ihr weggehen werde. Frau Kehm erzählte es ihrer Freundin, was diese überglücklich machte.

Einmal fand die Köchin einen Brief, den Max über einen Boten in der Küche für Ragnhild hinterlegt hatte. Die Köchin schilderte anderen Frauen den Inhalt. Ragnhild empfand es als Übergriff und merkte erstmals: Ich bin nicht mehr frei. Fortan war sie jedes Mal nervös, wenn sie einen Brief in die

Wäscherei, die Küche oder die Glätterei brachte, da sie nicht wusste, wer ihn lesen würde, bevor ihn jemand zu Max schmuggeln konnte. Ob die Köchin die 53 Gedichte gelesen hatte, die ihr Max hatte zukommen lassen? Von denen er gesagt hatte, er könne jedes auswendig?

Mit «mein liebster *Lappi*» schrieb sie ihn an und bedankte sich für die Schokolade, die er ihr schmuggeln liess. Sie sandte ihm ihre Brotkarte, weil sie dachte, er esse zu wenig. Max, das wusste sie, arbeitete streng. Der Brei war dünn, zu selten gab es Poulet, die Männer mussten hungrig sein.

Jeden Brief von Max, der zu ihr durchkam, kopierte sie in ein Tagebuch, bevor sie ihn vernichtete. «Ich muss aufpassen wegen der Frauen», schrieb sie. «Sollte eine etwas sehen, sagt sie es sofort.» Frauen seien nun mal so, «ja, es ist furchtbar zwischen uns, zwischen euch Männern ist die Kameradschaft grösser.» Als Frau Kehm ihr einen «Gruss von Max persönlich» überbrachte, fragte Ragnhild, wie er ausgesehen habe, ob und wie er gelacht, was er getragen habe. Elegant hatte er ja ausgesehen vor Gericht, mit Anzug und Krawatte, frisch frisiert, glatt rasiert. Aber sie mochte es, wenn er in Arbeiterkleidern vor ihr stand, Stoppeln am Kinn. Sie malte sich aus, wie es wäre, ihn mit der Pfeife im Mund rauchend zu sehen und ihm durch das wild zerzauste Haar zu streichen. Wie er nach Mann roch.

Mitten in der Nacht wachte sie schweissgebadet auf. Sie hatte geträumt, wie beide entlassen worden waren und zusammen in Frankreich lebten. Im Traum sprach Max zu ihr und sagte, er wolle in die Schweiz, und liess sie zurück. Ragnhild mahnte Max nach dieser Nacht, nie an ihrer Liebe zu zweifeln. «Ich bin dir treu, bis wir wieder zusammen sind. Es ist mein grösster Wunsch, in deinen Armen zusammen mit dir einzuschlafen.»

Zum Geburtstag schrieb sie ihm ein Gedicht:

Ich möchte mit dir gehen,
durch Tage hell und trüb
in Sturm und Nacht dir sagen:
Fass Mut, ich hab dich lieb.

Lös dich von Max, rieten ihr die Aufseherinnen. Du siehst ihn nie mehr. Sie hörte nicht zu. In Aarau, als sie ihn nach dem Prozess geküsst hatte, hatte sie sich geschworen, keinen anderen Menschen mehr zu lieben, niemanden sonst zu küssen. «Du, Max, du bist meine einzige Hoffnung», schrieb sie. «Du, Max, könnten wir nicht hier im Gefängnis heiraten? Dann muss ich ja nicht fort von der Schweiz.» Ihre Mutter sei ihm nicht böse. «Aber von unserer Heirat will sie nichts wissen. Das macht mir nichts aus. Ich habe 20 Jahre lang gemacht, was sie gesagt hat, heute bestimme ich selbst.»

Ragnhild besuchte einen Französischkurs, lernte die Sprache, die sie nicht gut genug beherrscht hatte, als sie in Luzern angekommen war. Sie erhielt zwei halbstündige Lektionen und lernte danach alleine mit einem Buch. Mit Frau Kehm sprach sie Hochdeutsch. Mit den Aufseherinnen versuchte sie es in Schweizerdeutsch. Die Frauen lehrten sie in verschiedenen Sprachen zu fluchen.

Frauen putzten das Gefängnis. Ragnhild schimpfte über die unordentlichen Männer: «Es ist wie Tag und Nacht.» Verwundert schrieb sie von gefangenen Frauen, die Frauen liebten und ihr erzählten, sie hätten noch nie etwas mit einem Mann gehabt. Stets um 12 Uhr mittags und abends um 18 Uhr sah sie, wie eine Frau ins Fenster stieg, die Kleider ablegte und splitternackt einfach dastand.

Sie fragte Max, ob sie ihm etwas stricken dürfe für den Winter. Es sei in seiner Zelle bestimmt kalt. Ihre Mutter habe ihr norwegische Schafswolle mitgebracht. «Sag mir, ob du einen Pullover oder eine Weste mit Knöpfen möchtest.» Wie viele Farben? Eine oder zwei? Welche?

Wie es seinen Kindern gehe, fragte Ragnhild, die fürchtete, Max gehe nach der Haft zu seiner Frau zurück. «Wie heissen die beiden Mädchen?» Der kleine Junge hiess Max, daran erinnerte sie sich. Max wie Max. Sie bot ihm an, allen dreien Pullover für den Winter zu stricken. Diese würde sie ihm schicken, er könne sie dann seiner Frau weiterreichen. «Niemand soll wissen, dass die Pullover von mir sind.» Ragnhild konnte das Bild der drei Kinder nicht vergessen, das ihr Max einst gezeigt hatte. «Ich habe ihnen den Vater genommen. Ach Max, was für eine Sünderin bin ich doch.»

Die Samstage und Sonntage empfand sie als besonders schwer, da sie in Freiheit die Wochenenden immer mit Max verbracht hatte. Manchmal, wenn sie abends in der Zelle auf den steifen Leintüchern und den grauen Decken mit roten Streifen lag und wortlos mit Max sprach, hatte sie böse Gedanken: Wenn wir hier rauskommen, sind wir zwei uns fremde Menschen. Ich bin alt, und du willst nichts mehr von mir wissen. Darfst du überhaupt nach Norwegen kommen? Ich habe gehört, wer eine Zuchthausstrafe abgesessen hat, erhält keine Erlaubnis, im Ausland zu wohnen.

Aus der Zeitung erfuhr sie von einer Abstimmung am 24. Mai 1959 im Kanton Bern. Bei einem Ja würden bis 1962 in Hindelbank 171 Plätze für verurteilte Frauen geschaffen werden. Einer wäre für sie bestimmt. Sie käme von Lenzburg ins Emmental, weiter weg von Max.

Nachts im Bett legte sie den Arm über den eigenen Kopf und stellte sich vor, es sei sein Arm. Sie las seine Gedichte, und sie las das Buch von Goethe, das Max ihr empfohlen hatte. In der Bibliothek fand sie ein Buch, das ein Häftling in Lenzburg geschrieben hatte. Er war des Landesverrats verurteilt worden und sollte hingerichtet werden. Der Richter liess

Milde walten und gab ihm eine lebenslängliche Strafe. Sie las den biografischen Roman «Jane Eyre» von Charlotte Brontë, danach «Nie wieder» von Heinrich Kämpfer, einem anderen ehemaligen Gefangenen von Lenzburg.

Sie habe sich den Rossschwanz abgeschnitten, schrieb sie. Jetzt sehe sie aus wie ein 15-jähriges Kind. Ein Brief, den sie hinter der Strickmaschine versteckte, endete mit fünf Fragen:

1. Warum kann es niemals zwei Tage hintereinander regnen?
2. Wer geht auf dem Kopf in die Kirche?
3. Welcher Vogel hat keine Federn?
4. Welche Zeiten sind die besten?
5. In welchem Fluss können auch Menschen leben?

Dann drehte sie das Blatt um und schrieb die fünf Antworten:

1. Weil immer eine Nacht dazwischen liegt.
2. Die Nägel in den Schuhen
3. Pechvogel
4. Mahlzeiten
5. Überfluss

Aufseherinnen fanden in ihrer Zelle das Heft, in das Ragnhild von Hand die Gedichte und Briefe von Max kopiert hatte. Dazu ein gelbes Blatt Papier, auf dem drei grosse Buchstaben prangten: I.L.D. Das Bild von Max, das Ragnhild unter der Bluse trug, fanden sie nicht. Würden sie es sehen, wusste sie, was sie sagen würde: «Das habe ich selber aus der Zeitung geschnitten.»

Ragnhild fasste fünf Tage Arrest wegen Briefschmuggels, Max vier negative Beurteilungen im Betragen.

1972

Die Eintrittsakte in ein Gefängnis erzählt in wenigen Worten die Geschichte eines Lebens.

Name: *Märki, Max.*
Geburtsdatum: *16. Oktober 1931.*
Zivilstand: ~~*verheiratet*~~ *geschieden.*
Erziehung: *gut.*
Konfession: *reformiert.*
Eintritt: *10. Dezember 1958.*
Strafdauer: *lebenslänglich (-399 Tage U-Haft).*
Strafart: *Zuchthaus.*

Für den Häftling ist die unterste Zeile die wichtigste. **Austritt.**

Am 17. November 1972 um 17.30 Uhr öffnete sich das Tor der Strafanstalt Lenzburg. Max Märki verabschiedete sich von den Wärtern und trat nach 15 Jahren Haft ins Freie, in eine freiere Welt. Schweizer Frauen hatten das Stimm- und Wahlrecht erhalten. Amerikaner standen auf dem Mond. Die Beatlemania ergriff die Welt. Das Magermodell Twiggy setzte Trends. Autobahnen und Kernkraftwerke befeuerten einen Bauboom. Auf sich trug Max einen alten und abgelaufenen Reisepass, den AHV-Ausweis, Dienst- und Schiessbüchlein sowie den Führerschein. Dazu 9804 Franken und 95 Rappen. Das Geld hatte er in der Schreinerei verdient, wo er als Küfer gearbeitet und hölzerne Weinfässer hergestellt hatte. Trotz lebenslänglicher Strafe wollte Max vorzeitig raus. Bewusst hatte er sich korrekt verhalten, ruhig, war gründlich, sauber und hilfsbereit gewesen. Kritik hatte er ertragen, ohne zu murren.

Als «vorzüglich» beurteilten die Vorgesetzten seine Leistung, «fleissig», «arbeitsfreudig», «geschickt».

Max hatte die Küferei geführt, als flösse der Gewinn in die eigene Tasche. Vom kargen Lohn hatte er Trudi und den Kindern über 10 000 Franken zukommen lassen. «Anhaltend gut gehalten» habe er sich, schrieb der Gefängnisdirektor in einer Beurteilung. «In den ersten Jahren sind allerdings kleinere Disziplinarvergehen zu verzeichnen, indem er immer wieder versucht hat, mittels Briefschmuggels mit seiner ebenfalls bei uns interniert gewesenen Geliebten in Kontakt zu kommen.»

Sein Vater und Kurt hatten ihm Schokolade gebracht und über alles geredet, nur nicht über die Tat. In Lenzburg sagte jeder, er sei unschuldig. Max war schuldig. Deshalb sprach er nie über das, was in jener Oktobernacht geschehen war. Die Mutter war nie gekommen. Als sie todkrank im Spital lag, durfte Max zu ihr. «Du hast hier nichts zu suchen, du hast einen erschlagen», hatte sie gesagt und ihn weggeschickt. «Du hast mein Leben ruiniert.» Dabei war sie aus seinem Leben getreten, als er noch kaum hatte sprechen können.

Ragnhild, mittlerweile 25, wurde am 1. Oktober 1962 von Lenzburg ins Frauengefängnis nach Hindelbank in den Kanton Bern verlegt. Bevor sie ging, liess sie Max zwei gestickte Kissen zukommen. Auf den 31. Geburtstag schenkte sie ihm «Das tägliche Leben», eine Abhandlung über «100 000 Jahre Kultur im Bild der Geschichte». Zu Weihnachten abonnierte sie ihm die Zeitschrift «Das Tier». Er mochte ja Hunde.

Um 13 Uhr holte sie die Kantonspolizei Bern in Lenzburg ab. Sie nahm 243 Franken mit und die Geschenke von Max, die Armbanduhr, die Halskette und den Ring, die Nähschatulle, die er ihr gebastelt, und Bücher, die sie von ihm erhalten hatte: alle Werke von Pestalozzi und Schiller. Dazu ihren

Taufschein, den Ausländerausweis und den norwegischen Reisepass. Vor dem Austritt stellte sie sich in Lenzburg auf die Waage. Sie hatte in fünf Jahren drei Kilogramm abgenommen.

Max sandte ihr weitere Bücher: «Die Liebenden», «Die Homosexualität», «Der Weg der Frau». Ob Ragnhild sie gelesen hatte, wusste er nicht. Kurz vor Weihnachten 1965 erhielt der Gefängnisdirektor von Lenzburg ein Schreiben von seinem Kollegen in Hindelbank. «Frl. Flater bittet uns, Ihnen z.H. des Hrn. M. Märki die drei beiliegenden Bücher an Sie zurückgehen zu lassen.» Frau Flater wolle den Kontakt mit Herrn Märki endgültig abbrechen.

Direkt mit ihm gebrochen hatte Ragnhild bereits am 25. April 1965. Die Liebe sei erloschen, eine Kameradschaft genüge ihr, schrieb sie ihm. Max liess nicht locker, und die Strafanstalt Lenzburg verschickte weitere seiner Briefe. «Vielleicht findest du mich altmodisch, weil ich so hartnäckig bin und dich trotz allem lieb habe», schrieb er am 30. April 1966. Acht Jahre lang habe sie ihm Hoffnungen gemacht und ihn jetzt einfach fallen gelassen. «Die Entscheidung, ob du zum grossen Heer der Unbeständigen, Lieblosen und Verantwortungslosen gehören willst, liegt schlussendlich bei dir. Wenn du jetzt oder später einmal zurückkommen willst, nehme ich dich mit offenen Armen auf.»

Am 11. September 1966 veranstaltete die Strafanstalt Lenzburg ihr alljährliches Turnfest. Ein Jahr zuvor hatte Max es gewonnen. «Heute steckte ich eine Niederlage ein, ich wurde Dritter», schrieb er in einem der vielen Briefe, die Ragnhild nicht erhielt, weil die Zensur sie stoppte. «In allem war ich sehr gut, ausgenommen im Kugelstossen.» Bei der Arbeit habe er sich den Arm verletzt. Nächstes Jahr werde er wieder antreten und für sie gewinnen. «In ewiger Liebe. Dein Max.»

Mit einem anderen Gefangenen hatte sich Max regelmässig ausgetauscht, er erzählte ihm von den Briefen, die er Ragnhild nach Hindelbank schickte, vom Gesuch, das er gestellt hatte, um sie zu besuchen, vom gemeinsamen Leben nach der Haft, nach dem er sich sehnte.

«Hey Max, du spinnst», sagte der Häftling. «Hör endlich auf.»

«Warum? Ich liebe sie, sie liebt mich.»

«Glaube ja nicht, dass die dich jemals wieder mit Ragnhild zusammen lassen.»

«Wir sind füreinander gemacht.»

«Die werden das nie zulassen, die quälen dich, bis du dich aufhängst.»

Max würde sich nichts antun, er wollte seine Kinder wiedersehen, und er wollte Ragnhild in seine Arme schliessen.

Dass trotz Zensur einige Briefe nach Hindelbank durchkamen, ärgerte ihren Strafverteidiger. «In meiner Eigenschaft als Vormund der Ragnhild Flater bitte ich Sie», schrieb er an Weihnachten 1966 nach Lenzburg, «dafür zu sorgen, dass weitere unnötige Belästigungen meines Mündels von Seiten des Märki unterbleiben.» Der Gefängnisdirektor von Lenzburg rechtfertigte: «Sehr stark eingeschränkt» worden sei der Briefwechsel. «Da es sich bei Max Märki um einen sehr verschlossenen und schwierigen Gefangenen handelt, wurde ihm auf die Festtage das Übersenden eines Geschenkes nochmals gestattet.» Nach den Festtagen werde er Märki über den «wahren Sachverhalt aufklären und ihm den weiteren Briefwechsel verbieten».

Ragnhild war für Max unerreichbar geworden.

Als sie im Herbst aus Hindelbank entlassen und nach Norwegen ausgewiesen wurde, liess er los. Stattdessen hoffte Max, zu seiner Familie zurückzufinden. Im Februar 1967 kamen Trudi und die drei Kinder erstmals zu ihm ins Zuchthaus. Am Prozess in Aarau nahmen sie nicht teil, den Badener Stadtturm mieden sie. Trudi wollte sich und die Kinder schützen. Jetzt herzte Max seine Mädchen und den Jungen. Die Älteste war 13 Jahre alt, der Kleine elf. Sie lebten mit ihrer Mutter bei einem verwitweten Bauern auf dem Hügel in Berikon. Dem alten Widmer* besorgte Trudi den Haushalt.

Das Treffen mit der Familie berührte Max. Am selben Abend schrieb er Ragnhild, er habe inneren Frieden geschlossen. Die Liebe zu ihr sei vorbei. Den Gefängnisdirektor bat er, seine Familie besuchen zu dürfen. «Heute war sie da, und meine Frau war herzlich wie noch nie. Ein Tag Urlaub würde einiges verfestigen.» Der Gefängnisdirektor richtete sich an das Justizdepartement und bemühte sich um den Urlaub auf dem Mutschellen. Er glaube, der Kontakt zu den Kindern und Trudi sei für Max förderlich. Seine Frau werde ihn in Lenzburg abholen. Zudem werde sich Märki verpflichten, «an diesem Urlaubstag nur bei seiner Familie in Berikon zu bleiben».

Stattgegeben.

Es war das Jahr 1968, Ragnhild Flater heiratete in der westnorwegischen Küstenstadt Bergen und nahm den Namen ihres Mannes an. Eine Pille hatte die freie Liebe möglich gemacht. In Amerika verlangten Menschen gleiche Rechte für Schwarze und demonstrierten gegen den Krieg im fernen Vietnam. In Prag stoppten sowjetische Panzer einen Volksaufstand. In Zürich befeuerten die Rolling Stones und Jimi Hendrix mit Konzerten die Jugendbewegung, Studenten verlangten vom Stadtrat, das leer stehende Provisorium des Warenhauses Globus für ein Jugendhaus freizugeben. Das Nein der Politik beantworteten Jugendliche mit Krawallen auf der Strasse. Sie lechzten nach Freiheit.

Für Märki bedeutete Freiheit die Fahrten am Wochenende nach Berikon. Er sah in Trudi wieder, was er einst gesehen hatte. Vor den Kindern schämte er sich. Er hatte sie im Stich gelassen. Aus Eifersucht warf Widmer Trudi und die Kinder raus. Die Familie zog nach Lenzburg, in die Nähe des Zuchthauses. Elf Urlaubstage verbrachte Max 1969 und 1970 mit ihnen, verteilt auf neun Besuche. An einem Wochenende baute er eine neue Küche ein. Dem Vater gelang es trotzdem nicht, die Kinder wieder für sich zu gewinnen. Sie waren ihm entfremdet, die Zerrüttung durch Affäre und Mord war zu gross.

Max brach mit der Familie und sie mit ihm. Er war nun allein, was seine Chancen auf vorzeitige Haftentlassung schmälerte. Wollte er nach Ablauf der Minimalstrafe von 15 Jahren freikommen, brauchte er eine Stelle und eine Wohnung, in die er einziehen konnte. Die Stelle bot ihm Kurt an, der in Turgi ein Gipsergeschäft betrieb. Sein Vater hielt ihm im Gefängnis eine Frau zu: Rosa Büchi*, drei Kinder, geschieden, aus Würenlingen. Ob sie ihn heiraten wolle, fragte Max. Ja, sagte Rosa.

Am 4. August 1972 entschied das Departement des Inneren des Kantons Aargau, Märki vorzeitig zu entlassen. Er sei «ein Mustergefangener, der seit 14 Jahren zur vollen Zufriedenheit in der Küferei» arbeite, zeige Reue und Einsicht. Eine «innerlich gereifte und gefestigte Persönlichkeit», die sich in Freiheit behaupten werde. Im Frühling 1973 werde er heiraten, «womit neben der beruflichen auch die persönliche Wiedereingliederung gesichert erscheint». Max erhielt eine Probezeit von fünf Jahren mit Schutzaufsicht. Wenige Wochen nach Max' Entlassung bekam der Gefängnisdirektor eine Karte. «Wir heiraten am 25. Januar 1973.» Gezeichnet: Max Märki und Rosa Büchi. Eine Zeitlang lebten das Paar und Rosas Kinder in einem Wohnblock, gegenüber des Hauses von Max Märki senior.

«Bist du in Lenzburg bei Gott geblieben?», fragte ihn sein Bruder Kurt, den sie in Brugg wegen des langen Bartes und des unbeugsamen Glaubens den «Heiland» nannten. «Hör mir damit auf», antwortete Max, der vor dem Geständnis 1957 angegeben hatte, er habe zu Gott gefunden. Tausende Bücher habe er in Lenzburg gelesen, die grossen Philosophen, Nietzsche und Schopenhauer, Sartre und Marx. «Du irrst, Kurt. Dein Gott existiert nur in den Köpfen der Menschen, es gibt ihn nicht.» Gott hätte ihn damals nicht töten lassen.

Rüfenach

Nach der Entlassung arbeitete Max ein paar Jahre für Kurt, bis er ein eigenes Geschäft gründete. In Würenlingen kaufte er ein Haus, zehn Kilometer flussabwärts von der Stelle, an der Stadelmann ertrunken war. Die Zeit im Gefängnis hatte ihn verändert. Er war ruhig geworden. Schwierigkeiten wollte er keine mehr, nicht mit den Behörden, nicht mit den Menschen, die er im Alltag traf.

Der Betrieb lief gut, er war ein begabter Handwerker, aber Max hatte 15 Jahre verpasst. An die neuen Materialien musste er sich zuerst gewöhnen. Die Maschinen, die auf dem Bau jetzt üblich waren, mochte er nicht. So viel er konnte, erledigte er von Hand. Max gipste 1975, wie er 1957 gegipst hatte.

Zahlen bereiteten ihm Mühe, deshalb überliess er die Buchhaltung seiner Frau. Statt alles ordentlich zu verbuchen, legte Rosa einige Einnahmen auf ein schwarzes Konto. Für das Alter. Als es herauskam, sagte sie, Max habe nichts davon gewusst. Auf keinen Fall sollten die Zeitungen schreiben, er sei jetzt auch noch ein Steuerbetrüger. Max nahm eine Hypothek auf das Haus auf und zahlte Straf- und Nachsteuern in der Höhe von 120 000 Franken.

Die Ehe verlief recht, eine grosse Liebe war es nicht. Die Frau, die Max liebte, sah er nie mehr. Das Land seiner Sehnsucht blieb ihm verwehrt; nach Amerika kam er nicht. Das Liebste waren ihm die Tiere, seine Geissen und Hühner, Hasen und Welpen. Ihnen erzählte er seine Sorgen, sie hörten ihm zu.

Bis Max erkrankte und kaum mehr reden konnte. Ein Krebsgeschwür wuchs in seinem Hals, zwischen Speiseröhre und Wirbel. Es breitete sich bereits in den Lungen aus. Gift,

Asbest, die chrom- und nickelhaltigen Farben, die er auf dem Bau eingeatmet hatte, vermuteten die Ärzte. Lange zu leben habe er nicht mehr, sagten sie ihm im Kantonsspital Baden, wo er im August 1996 mit schwerer Atemnot ankam. Die Ärzte legten einen Schlauch in den Rachen, um die Lungen mit Sauerstoff zu versorgen. Eine Woche hielt ihn in Baden eine Maschine am Leben. Mit Blaulicht wurde er nach Aarau verlegt. «Es geht ihm nicht gut», sagte der Arzt. Am nächsten Tag sollte Rosa darüber entscheiden, ob die Maschinen abzustellen seien.

Der Entscheid war nicht nötig. Max Märki starb frühmorgens, allein, im Alter von 64 Jahren, elf Tage nach der Pensionierung. Er konnte nicht mehr atmen und erstickte, zehn Gehminuten entfernt vom Bahnhof, wo Peter Stadelmann am 19. Oktober 1957 den Schnellzug nach Baden bestiegen hatte. Auf dem Totenschein wurde der Zeitpunkt des Ablebens mit 7.46 Uhr vermerkt, 31. August 1996, ein Samstag.

Gerne hätte Max noch zwei, vielleicht drei Jahre mehr gehabt; er wollte die Welpen zu anständigen Hunden erziehen. Seine Frau verkaufte das Haus und zog in eine Wohnung. Zwei Jahre später starb sie, aus Kummer über den Tod von Max. Das Schwarzgeld, das sie für das Alter hatte zur Seite legen wollen, hätte sie nicht mehr ausgeben können.

Bei der reformierten Kirche Rein in Rüfenach, die hoch über dem Wasserschloss thront, wurde seine Asche beigesetzt. Eine Kollekte unterstützte das Kinderheim in Brugg, in das Max und Kurt kamen, nachdem ihre Mutter sie stehen liess.

Als Kurt eine Rose in das noch offene Grab werfen wollte, fuhr er zusammen. Die Grube war leer, der Pfarrer hatte die Urne im Leichenhaus stehen gelassen und musste sie holen lassen.

Kurt lachte leise. Typisch Max.

Orient

Mit einem einzigen Hieb auf den Kopf wollte er einen Mann bewusstlos schlagen, ihn ausrauben und am Strassenrand zurücklassen. Nach einer halben Stunde würde der Geschlagene zu sich kommen und mit brummendem Schädel zurück in die Stadt finden, dort einen heissen Tee trinken und sich über das verlorene Geld ärgern. Einen bleibenden Schaden würde er nicht davontragen.

Das war der Plan, der nicht aufging und der Peter Stadelmann das Leben kostete. Wie Max Märki auf diese unheilvolle Idee gekommen war, schilderte er weder seinem Anwalt noch dem Untersuchungsrichter oder vor Gericht.

Das weiss einzig der Mensch, der ihn am besten kannte und der bei der Beerdigung in dessen leeres Grab blickte. «Max fand den Plan im Kino Orient», erzählt Kurt Märki im Frühling 2018. Er ist 86 Jahre alt, gut zu Fuss, einmal die Woche spielt er Tennis. Die Gifte auf dem Bau konnten ihm nichts anhaben. Kurt sitzt in einer Ecke des Starbucks Café auf Gleis 1 im Bahnhofsgebäude von Baden. «Vor dem Mord gingen Max und ich oft zusammen ins Kino», sagt er. «Das konnten wir uns leisten.»

Max mochte Western. Einmal die Woche schaute er sich einen Lasso-Streifen an. Der Rebell aus Arizona. Der einsame Wolf. Donnernde Prärie. Der Furchtlose. Vagabund aus Texas. Die Filme liefen im Kino Orient an der Grenze zwischen Baden und Wettingen. Auf der Leinwand fiel mancher Held nach einem gezielten Schlag mit dem Gewehrkolben auf den Hinterkopf wortlos in Ohnmacht. Die Theatralik im Kino inspirierte den Gipser. «Max malte sich die Tat aus, wie er sie aus Western kannte: eins auf den *Grind* schlagen, das

Geld nehmen, aus dem Auto werfen, verschwinden», sagt Kurt.

Die Realität im 1060 Kilogramm schweren Citroën Légère 1947 liess sich nicht mit der Fiktion auf der Leinwand verbinden. Stadelmann blieb bei Bewusstsein, er begann sich zu wehren, zuerst schlug Max, dann seine Geliebte zu. Noch lebend warf er ihn in die Reuss. Stadelmann ertrank.

Heute ist das Kino Orient eine Begegnungsstätte für hohe Kultur, in der sensible Filme aus aller Welt aufgeführt werden.

Nach dem Zweiten Weltkrieg bis weit in die 1970er-Jahre hinein jedoch zeigte das Lichtspieltheater hemdsärmelige Western und hatte daher einen weit verbreiteten Kosenamen: *d'Revolverchuchi.*

Dank

Dieses Buch hat seinen Ursprung an Weihnachten 2017. Mein Schwiegervater Sepp Schmid schilderte mir beim Nachtessen einen Mordfall aus seiner Jugendzeit. Es war die Geschichte von Max Märki und Ragnhild Flater. Für diese Erzählung bin ich ihm sehr dankbar. Die Geschichte berührte mich. Wegen des Milieus und der Stadt, in der sich der Mord ereignete, wegen der Epoche. Vor allem aber vermutete ich dahinter eine grosse Liebesgeschichte. Ein Buch würde ich darüber nur schreiben können, wenn ich Zugang zu den Gerichtsakten erhielte. Das Staatsarchiv Aargau teilte mir mit, die Akten seien bis 80 Jahre nach dem letzten Eintrag gesperrt. Dieser war auf November 1972 datiert. Ausgenommen ich könnte belegen, dass Max Märki seit mehr als zehn Jahren tot sei.

Zwei meiner ehemaligen Lehrer an der Kantonsschule Baden halfen mir, den Kontakt zu Kurt Märki herzustellen: Deutschlehrer Peter Märki und Turnlehrer Walter Arrigoni. Beim ersten Kontakt klärte mich Peter Märki gleich auf:

«Die Märkis stammten ursprünglich entweder von Mandach oder von Rüfenach. Es waren Grenzleute (Grenze zwischen Berner Aargau und Fricktal, früher noch zwischen zwei fränkischen Gauen): Eine Mark ist ja eine Grenze (Marchstein=Grenzstein), und die Bildungssilbe -jo bezeichnet eine Gemeinschaft von Menschen (Sippe, Clan u.a.). Und aus mark-jo wurde Märki, so wie aus der Berufsbezeichnung back-iro Bäcker wurde oder aus dem Plural lambir Lämmer (Umlaut; Aufhellung des Stammvokals durch ein i oder j in der Folgesilbe).

Genug der Sprachgeschichte. In meinem (Mandacher) Märki-Zweig gibts den besagten Mörder Max nicht.»

In einer zweiten Mail berichtete mir Peter Märki, was er in Erfahrung bringen konnte:

1. Es gibt unter den Angefragten niemanden, der behauptet, Max Märki lebe noch.
2. Ein Bözberger behauptet, M. M. sei nach Skandinavien ausgewandert und dort vermutlich gestorben. Ein anderer: Er habe unter seinem Namen nach der Entlassung mit einer Partnerin in Würenlingen ein Gipsergeschäft betrieben, das nicht schlecht gelaufen sei.
3. Gearbeitet hat er vor der Tat im Gipsergeschäft Urech, Brugg. Es gibt Erzählungen darüber, was dort nach der Tat passiert sei und wie er, gestellt vom Chef Urech, zusammengebrochen und bereit gewesen sei, mit dem Chef zur Polizei zu gehen.
4. Märkis Frau Trudi, mit welcher er einen Knaben und zwei Mädchen hatte, ist anscheinend früh gestorben. Die Kinder wurden von ihrer (noch lebenden) Schwester, die zu einem Bauern auf den Mutschellen zog, grossgezogen.
5. Der Bruder von Max, Kurt Märki, war ebenfalls Gipser, hat zuletzt selbst ein Geschäft gehabt, und zwar in Vogelsang/Turgi, wo er heute noch lebt (nicht im Telefonbuch). Es gehe ihm nicht gut.

Peter Märki und Walter Arrigoni brachten mich zum ehemaligen Aargauer Kantonspolizisten Alfred Loop. Dieser stellte den Kontakt zu Kurt Märki her, der das Projekt unterstützte und mir viele Informationen beschaffte. Für diese Vermittlungen bin ich allen sehr dankbar. Ebenso Andreas Senn aus Würenlingen, der mir half, den Totenschein von Max Märki zu besorgen. Jeannette Rauschert vom Staatsarchiv Aargau in Aarau setzte sich dafür ein, dass ich Zugang zu den Gerichtsakten bekam. Da ich sie nicht kopieren durfte, schrieb ich im Sommer 2018 über 1500 Seiten ab.

Die Historikerin Christina Ratmoko erklärte mir einiges über hormonelle Medikamente. Die Kunsthistorikern Rahel Blättler erläuterte mir die Darstellungen auf den geraubten Banknoten. Der Autohändler Christian Heussi fuhr mit mir in einem alten Citroën Légère und machte mich auf die Eigenschaften des Autos aufmerksam. Weiterer Dank geht an: Suzette Beck, Sarah Biäsch, Stefan Bohrer, Claudia Briellmann, Déborah Burkart, Erika Burri, Georges Christen, Andrea Christener, Fibo Deutsch, Ralph Diemer, Ladina Fessler, Thomas Gierl, Sonja Hägeli, Yvonne Helm, Michael, Lukas und David Hossli, Martina Kuhn, Nadia Lattmann, Barbara Lüthi, Samira Matta, Pascal Mora, Anita Müller, Jörg Schlicht, Erika Schmid, Therese Schmid, Christine Schulthess, Claudio Schwarz, Gabi Schwegler, Claude Sigg, alle Starbucks-Baristas der Stadt Zürich, die mich mit heissem, schwarzem Filterkaffee versorgten, das Staatsarchiv Luzern, Alexandra, Franziska und Martin Sterk, Penelope Weissman, Aleksandra Zdravkovic, Pascal Zemp, Fabian Zürcher.

Besonderer Dank geht an Nicoletta Cimmino und an meine Familie: Brigitte Schmid, Yuki Schmid Hossli und Vera Schmid Hossli.

Abschliessend gilt mein Dank folgenden Institutionen, die mich während des Schreibprozesses mit ihren freundlichen Projektbeiträgen unterstützt haben:

Ernst Göhner Stiftung
Kulturförderung der Stadt Baden
Kulturstiftung der Neuen Aargauer Bank

Zeittafel

28. Februar 1927:	Geburt Peter Stadelmann in Herisau.
16. Oktober 1931:	Geburt Max Märki in Baden.
24. Dezember 1936:	Geburt Ragnhild Flater in Røyken, Norwegen.
1. März 1957:	Ragnhild Flater tritt im Tea-Room ABC in Luzern eine Stelle als Hilfsköchin an.
21. April 1957:	Ragnhild Flater und Max Märki lernen sich in Luzern kennen.
4. Oktober 1957:	Mit Sputnik gelangt ein erster künstlicher Erdsatellit ins Weltall.
15. Oktober 1957:	Max Märki verfasst ein Lockinserat und gibt es in Aarau auf.
16. Oktober 1957:	Das Lockinserat von Max Märki und ein Inserat von Peter Stadelmann erscheinen im ‹Aargauer Tagblatt› nebeneinander.
17. Oktober 1957:	Max Märki holt am Schalter von Orell Füssli die Offerten ab und telefoniert am Abend von Brugg aus mit Peter Stadelmann. Sie vereinbaren, den Autokauf am Samstag abzuwickeln.
18. Oktober 1957:	Ragnhild Flater besucht in Zürich das norwegische Konsulat. Max Märki begleitet sie. Am Nachmittag und am Abend planen sie die Tat.
19. Oktober 1957:	Peter Stadelmann stirbt.
26. Oktober 1957:	Der Betreibungsbeamte Rudolf Schälkli meldet der Polizei, er habe die Handschrift von Max Märki erkannt. Die Polizei geht der Spur nicht nach.
30. Oktober 1957:	Max Märki hat einen Unfall und fährt sein Auto zu Schrott.
3. November 1957:	Sputnik II wird mit der Hündin Laika an Bord ins All geschossen. Max Märki gesteht Ragnhild Flater, dass er noch nicht geschieden sei und drei Kinder habe.

6. November 1957:	Max Märki stellt sich auf dem Polizeiposten Brugg. Am selben Tag verhaftet die Polizei dessen Vater Max Märki senior in Baden und Ragnhild Flater in Luzern.
7. November 1957:	Die Suche nach der Leiche von Peter Stadelmann beginnt.
29. November 1957:	Die Leiche von Peter Stadelmann wird auf einer Insel in der Reuss gefunden.
10. Dezember 1958:	Prozess vor dem Kriminalgericht Aarau gegen Max Märki, Max Märki senior und Ragnhild Flater. Alle drei werden verurteilt, Flater und Märki junior nach Lenzburg ins Zuchthaus gebracht.
1. Oktober 1962:	Ragnhild Flater wird von Lenzburg nach Hindelbank verlegt.
Herbst 1967:	Ragnhild Flater wird aus dem Gefängnis entlassen und nach Norwegen ausgewiesen.
13. Oktober 1968:	Ragnhild Flater heiratet in Norwegen.
17. November 1972:	Max Märki wird aus der Haftanstalt Lenzburg entlassen.
31. August 1996:	Max Märki stirbt im Kantonsspital Aarau.

Glossar

Abee	Abort
Ankebrot	Butterbrot
Bébésachen	Babyartikel
Beiz	Restaurant
Büez	Arbeit
Charre	Auto
Chaib	Kerl
Chässeli	Kessel
Chlapf	Auto
Chlotz	Geld
Chomm mit	Komm mit
Chnelle	Restaurant
Chrampf	Krampf, Vergehen, krummes Ding
Chrampfi	Fleissiger Mensch
Chritz	Streit
Chrüz	Kreuz
Do muesch du öppis ha	Da steht dir etwas zu
Du bisch en dumme Siech	Du bist ein Idiot
Du bisch en Vagant	Du bist ein Nichtsnutz
Dummi Schnörre	Lautes Mundwerk
Einfränkler	Einfrankenstück
Ennet	Auf der anderen Seite
Filou	Schlingel, Spitzbub
Flatteren	Ohrfeige

Ghacktes	Hackfleisch
Gitzi	Ziegenfleisch
Götti	Pate
Gülleloch	Jauchegrube
Grind	Kopf
Grüezi, chaufed Sie en General!	Guten Tag, kaufen Sie ein Bild des Generals!
Gvöglet, vögle	Geschlechtsverkehr haben
Heftli	Magazin
Hörnli	Teigwarenart
Hurtig	Schnell
Ich bi dä, wo de Stadelma abegschlage hed	Ich bin der, der den Stadelmann niedergeschlagen hat
Jöiki	Depp
Kinderspitäli	Waisenheim in Brugg
Landjäger	Polizist
Lappi	Tölpel
Mach kei Seich	Mach keinen Unsinn
Mache Sie mich ned z'lache	Bringen Sie mich nicht zum Lachen
Motörli	Kleiner Motor
Öpfelmus	Apfelmus
Päckli	Schachtel
Papi	Vater
Plagööri	Angeber
Revolverchuchi	Revolverküche; Kino Orient (Kino, das Westernfilme zeigt)
Rucksäckli-Buur	Rucksack-Bauer; Bauer, der sein Mittagessen im Rucksack trägt

Ruech	Grober, wilder Kerl
Rüebliland	Das Land der Karotten, Kosename des Kantons Aargau
Sali	Guten Tag
Schämbelen	Waldstück in Windisch, direkt an der Reuss
Schlegel	Hammer
Schlössli	Kleines Schloss
Schopf	Schuppen
Schotter	Geld
Schroter	Polizist
Schütze Vieri	Schützenbataillon Vier
Sibesiech	Starker Mann, Tausendsassa
So gohsch halt	Dann geh doch
Spinnsch?	Spinnst du?
Stündeler	Mitglied einer evangelikalen Freikirche
Stutz	Geld
Tschau	Auf Wiedersehen
Tobel	Enges Tal, Schlucht
Tubel	Idiot
Viscosi	Abkürzung für Viscosuisse, Innerschweizer Textilfirma
Wäldli	Kleiner Wald
Was chonnt Ihne eigentlich i Sinn?	Was denken Sie sich eigentlich?
Zahltag	Gehalt
Zmorge	Frühstück
Znüni	Imbiss am Vormittag

Zvieri	Imbiss am Nachmittag
Zweifränkler	Zweifrankenstück

Foto: Ralph Diemer

Peter Hossli
wuchs im Kanton Aargau auf, studierte Geschichte und Film, war lange Korrespondent in den USA und lebt heute in Zürich. Er schreibt und macht Fernsehen, mag schwarzen Filterkaffee und schwimmt gerne in kaltem Wasser.

‹Revolverchuchi› ist seine erste Publikation bei Zytglogge. 2018 erschien sein Buch ‹Die erste Miete ging an die Mafia. Was ich bin: Reporter›.

www.hossli.com
www.revolverchuchi.com